名企HR经典管理案例 系列丛书

HR员工招聘

经典管理案例

薛莲◎著

中国法制出版社
CHINA LEGAL PUBLISHING HOUSE

序

记得当初被邀请写这本书的时候是好一阵子的忐忑，心想平时工作那么忙，哪里会有时间来写书呢？怎么能按时间交稿呢？如何能把招聘这件事有结构地讲明白呢？倍感头痛。然而，另一个声音告诉我："努力一下试试吧，天天做、年年做，做了这么多招聘的事，总有很多可以和大家分享的吧。"想来也是，每天都埋头在各种具体的招聘工作中，昨天做招聘计划，今天谈招聘需求，明天举行招聘活动，后天向领导汇报整体招聘进度，这许许多多环环相扣的事情总是让人马不停蹄地向前奔跑着，根本没有时间停下来仔细思考一下，招聘到底有多少个任务环节？每一个招聘任务为什么要这么做？每一个招聘任务之间是怎样互相关联的？哪些内在或外在的重要因素会影响招聘的成败？

突然间，我发现，虽然还没决定写，但是已经开始各种胡思乱想起来，每想到一个新的发现，就会激动地问自己："怎么早没想到呢！"我把这些对招聘的思考和问题拿出来向我的同事们求解，立即得到了他们的回应和支持，是时候总结一下我们这些招聘人每天都在忙碌着什么了，把我们的招聘实践进行梳理整合，把我们的实战案例与大家分享，把我们学到的优秀经验化零为整，让大家清楚地看到招聘的核心价值、招聘的重点环节、招聘的管理流程、招聘的绩效考核以及招聘的未来展望。

到了这个时候，最初的忐忑已淡淡褪去，取而代之的是和大家一起努力完成这本书的坚定决心。挑灯夜战、奋笔疾书，希望给自己、给团队、给一起做招聘这件事儿的大家交上的一份答卷。在此，要特别感谢帮助我一起完成此书的国际商业机器（IBM）公司招聘团队的每一位同事、IBM 人才发展业务总监郑伟先生，中创信测人力资源总经理贺清君先生，以及为我提供鼓励和谏言的每一位良师益友！谢谢！

期待您的静心阅读，也期待您的研讨和指正。

目录 CONTENTS

第一篇 责任与使命——企业招聘的近景与远观

第二篇 招聘中的五项必修课——企业招聘实践之法则

第三篇 招聘流程的设计与实施

第四篇 招聘的项目运营

第一篇

责任与使命

——企业招聘的近景与远观

第一章

企业招聘的任务和使命

1.1　招聘在人力资源中的任务

在当今的商业环境里，变革已经成为一个被大家公认的新常态。世界在变，时代在变，经济在变，技术在变，人才需求在变，而不变的依然是“人才制胜”的竞争法则。换句话说就是，今天的企业对人才的竞争越来越激烈，甚至有些时候可以说是非理性、非常规的巧取豪夺。与之相反的是，今天的人才市场，企业正逐渐失去话语权，而真正主宰人才市场的因素正在回归人才本身。无论经验长短，不拼学历高低，只要个人具备市场需要的技能，就是企业必争之人。

人才是推动企业健康发展的力量源泉，无论是从宏观角度还是微观角度来看，人才都是企业发展的决定性因素。因此，只有拥有了充足的人才，企业才能实现跨越式的发展。人才是影响企业生死存亡的关键。微软公司创始人比尔·盖茨曾经说过：“如果让我带走微软的研究团队，我可以重新创造另外一个微软。”可见，在知识经济条件下，企业是人才撑起来的，企业的竞争，其本质是人才的竞争。

那么，如何确定人才需求、寻找目标人才、筛选精兵强将、护航新人入职并密切关注新人入职后的生存状态，则是招聘部门在人力资源工作中的传统任务。必须说一句话，“得人心者得人才，得人才者得天下”。为什么这么说？因为现在的招聘，尤其是在社交网络盛行的今天，在做“得人才”的传统任务时，还要关注如何做好“得人心”的任务。比如，雇主品牌建设、候选人的应聘体验以及入职后的新员工管理等。所以，我们说招聘是要内外兼修、刚柔并济、不走捷径、决胜千里的一个人力资源“新”专业，在人力资源中承担着市场宣传、职场咨询、职位销售、个企连接、体验中枢等多种角色和任务。

那么理论上，招聘在人力资源管理中有什么作用？在人力资源管理这个大系统中，招聘管理是其中的一个子系统，而且是最基础的始发系统，它决定着组织中各项人力资源管理业务能否顺利开展。具体来说，在人力资源管理中，招聘管理的作用主要表现在以下几点：

1. 有效的招聘管理能提高员工的满意度并降低员工的流失率。“一开始就聘用到合适的人员，会给用人单位带来可观的利益。据估计，这种经济收益相当于现有生产力水平的6%—20%。”甚至有专家认为，在小型组织中，招聘管理的有效与否是造成盈利和亏损差别的关键所在。总之，有效的招聘管理意味着员工将与其岗位相适应，企业和其所从事的工作能带给他较高的工作满意度和组织责任感，进而减少员工旷工、士气低落和员工流动现象。

2. 有效的招聘管理能减少员工的培训负担。新招聘的员工，犹如制造产品的原材料，其基本素质的高低、技能和知识的掌握程度、专业是否对口等，对员工的培训及使用都有很大影响。如果企业的人员招聘工作做得不好，引进素质较差或专业不对口的员工，在对其培训时不但要花费更多的培训成本，而且在之后会带给企业长期的沉重负担。相反，素质较高、知识技能较强、专业对口的员工接受培训的效果较好，培训后成为合格员工、创造高绩效的概率也较高。

3. 有效的招聘管理能增强团队工作士气。组织中的大多数工作并非由员工单独完成，而是由多个员工共同组成的团队完成。这就要求组织在配备团队成员上，应了解和掌握员工在认知和个性上的差异状况，按照工作要求合理搭配，使其能够和谐相处，创造最大化的团队工作绩效。所以，有效的招聘管理会增加团队的工作士气，使团队内部员工彼此配合默契，愉快和高效率地工作。

4. 有效的招聘管理能减少劳动纠纷发生率。员工在工作中不可避免地要和上司、同事、下级以及客户产生工作上的联系。在工作关系的处理上，由于员工自身工作技能、受教育程度、专业知识上的差异，处理语言、数字和其他信息能力上的差异，特别是气质、性格上的差异，员工与企业发生劳动纠纷是不可避免的。如果我们能够严把招聘关，尽量按照企业文化的要求去招聘员工，使新员工不仅在工作上符合岗位的任职资格，而且在个性特征和认知水平上，特别是自身利益追求上符合组织的需求，就能降低劳动纠纷发生率。

5. 有效的招聘管理能提高组织的绩效水平。利用规范的招聘程序和科学的选拔手段，可以吸引和保留组织真正需要的优秀人才。优秀的员工是不需要工作环境适应期的，他们的共同特点就是能够很快地转变角色、进入状态，能够在很短的时间内创造工作成绩而不需要做大量的培训。可以说，创造员工的高绩效，推动组织整体绩效水平的提高，是一个组织追求有效招聘管理的最高境界。

1.2 招聘在企业中的使命

招聘既是人力资源中的一个业务单元，对企业而言也可以说是一个独立存在、独立运营、独立产生深远影响的部门。人，是一切人力资源管理工作的基础，而招聘则是企业人员的源泉所在。招聘在企业中的使命，不仅仅是招到人、招好人，更多的是参与企业管理框架搭建，为企业未来业务设计建言，影响企业人才流动方向。

对于新成立的企业来说，人员配置无疑是企业运转的前提条件。如果不能招聘到一定数量和质量的员工，完不成企业的人员配备，企业就无法运营。对于已运转的企业来说，企业环境的变化、战略目标及企业结构的调整，都要求企业的人力资源系统呈开放状态，不断输入和输出人力资源，使企业各个岗位都能及时配以合适的人才，以保证企业形成健康的生产力，支撑企业战略目标的实现，形成可持续发展的能力。不论新企业还是稳定发展的企业，都应该明晰人才招聘在企业中的作用，并赋予这个职能以“人才即企业未来”的使命，赋予使命的同时要赋予其选人、用人、参与公司人才运营的权利。

◆ 使命之一：补充人员，维持生命力，保证企业正常的经营

维持企业正常的运行必须有一定的人员作为保障，但是在任何一个企业

中都存在着人员的流动。随着经济的发展，人员的流动率是不断变化的：工作充裕时，员工流动率比较高；工作稀缺时，员工流动率则比较低。企业保持适度的人员流动率有利于为企业注入新的活力。同时，企业内部正常的人员退休、人员调动及人员辞退都需要及时补充新的员工，在企业业务规模扩大时、有新的分公司成立时、内部结构调整及企业转产时都必须进行招聘。所以，招聘要做到的基础使命是保证企业正常运转所需要的一切人力需求。

◆ 使命之二：吸引人才，储备精英，提升企业经营业绩

现代市场竞争日益激烈，企业之间的竞争归根到底是人才的竞争，哪个企业能够在人才的竞争中获胜，哪个企业就会在市场竞争中立于不败之地。企业的经营业绩是靠全体员工共同创造的，通过招聘得到优秀的人才是确保员工队伍良好素质的基础。为了提升企业的经营业绩，在人才竞争中占有主动地位，招聘不能仅止步于找到人，而要同时进行人才吸引以实现优秀人才储备，尤其是潜在精英人才的挖掘，这是有效帮助企业提升经营业绩的方法。

◆ 使命之三：宣传企业，树立雇主品牌，共筑企业形象典范

很多企业越来越意识到雇主品牌对企业宣传、人才吸引的重要性，这种重要性不仅仅表现为对外部候选人的宣传和吸引，更多的是将雇主品牌更广泛、更直接地在企业内部员工、企业竞争对手以及企业客户间进行传承和建设。很多人都认同这样一个观点：你的雇主品牌和社会公众对你企业品牌信息的传递就会让我知道你这家公司是如何对待人才、对待客户的，有什么样的公司文化，我和你这样一家企业是否合拍等。

正是这些重要性，使招聘已经不再是传统的平面或网络广告设计，而是更加注重招聘信息的设计、观点的表达以及吸引企业想要找到的目标人群。招聘所释放的信息代表着企业的形象，而应聘者正是通过这些点点滴滴的“小事”来感受企业的。美国著名人力资源管理学者德斯勒在其著作《人力资源管理》中介绍，“研究结果显示，公司招募过程质量的高低会明显地影响应聘者对企业的看法”。许多经验都表明，人员招聘既是吸引、招募人才的过程，又是向外界宣传组织形象、扩大组织影响力和知名度的一个窗口。应聘者可以通过招聘过程来了解该企业的组织结构、经营理念、管理特色、企业文化等。

所以，招聘者不应止步于招到人，而是要具备由外及内、由短及长的眼光，

将树立雇主品牌、共筑企业形象典范视为长期的使命。

1.3 招聘的核心价值

很多企业为了争夺优秀人才都在“明争暗斗”，中国企业也不可避免地面临这种对人才的激烈竞争。但对人才的竞争，并不是把人才抢来就可以。在一定意义上，招聘工作是企业经营活动成功的关键因素之一。然而，众多企业却忽略了招聘这一环节，更不用说招聘中的细节问题，其结果是一方面企业招到人才的难度越来越大，另一方面企业招聘不到合适的人才。

谈到企业招聘的核心价值，有一个非常简单鲜明的观点，即随时能招到企业要用到的人，也就是说，当老板正在考虑某个关键岗位空缺时，适时地吸引到该等优适人才，使老板眼前一亮，使工作得到推进。这样的想法可能吗？如果这是招聘部门的想法，那么即为可能；如果这是老板或业务单元管理者的想法，那么即为不可能。为什么一个问题会有两个截然不同的答案呢？这里必须指出：招聘的核心价值需通过有效的业务连接和支持才可能实现，否则注定失败！

很多招聘人员在现实工作中深刻领会到，如果只做执行层面，不仅做不好招聘，而且会受到用人部门的责难——做招聘却未能及时为用人部门招到合适的人才，那招聘还有什么价值？重新来看招聘的核心价值，是能够按照企业的发展目标提供及时的、成本合理的人力供给，不难解读，影响招聘核心价值实现的因素很多，包括企业发展方向、目标、时间、成本等。简单地说，招不来合适的人，那么招聘的价值也就失去了依托，而在合适的时间将合适的人招到合适的岗位上，这是招聘的核心成就所在。那么，在明晰招聘核心价值、厘清招聘相关影响因素之后，如何推动招聘核心价值在企业内的实现则成为实现招聘价值的一大难题。对此，提供以下五个方向供参考。

1.3.1 主动推进

等着用人部门下达招人计划后被动招人是招聘的常态。其实招聘不是孤立的，而是需要人力资源管理部门外的其他部门同事协同合作，需要各用人部门的协同。因此要做好招聘，得先利其器，即把有关的用人计划、流程、标准规范化。

具体来说，即系统地完成工作分析，形成完整实用的公司岗位职务说明书，为招聘工作定规矩；根据公司的战略规划与具体业务发展规划，预测人才需求，制订招聘规划方案。这样会使公司招聘科学化、规范化，减少任意性，增加可控性。

1.3.2　渠道建设

为了更好地实现招聘的价值，我们要建立多种渠道，全方位、立体地开展招聘工作。分析每种渠道的特性，适合什么类型的人才招聘，这是招聘的基本功。维护好不同渠道，跟不同渠道的提供者保持良好关系，是人力资源的本职工作。

1.3.3　提供优适人才

招聘的价值不在于把人招进来，而是把符合岗位需求、公司需求的适合人才招来。招到不合适的人比招不到人的后果更严重，应尽量减少人才重置成本，直至凡招聘皆合适，这是招聘工作的理想化追求。为招到优适人才，招聘者自身要熟悉公司历史、企业文化、业务发展、业界情况等，只拿着任职资格要求说明，是招不来合适人才的，HR 应该多站在招聘外看招聘，多与各相关部门和内外人士交流，保证人才情报信息的实时性和针对性。

1.3.4　用人部门必须参与

企业的用人部门最知道他们需要的是什么样子的人，可以说他们是离市场、离业务、离人才最近的专业招聘人员，无须满世界搜索后将简历递到用人者面前。招聘时，一定要邀请用人部门积极参与，甚至可以与用人部门的经理们共同商定衡量招聘的指标。招聘为的是人才，而人才最终是为用人部门和企业服务的，试想如果用人部门和企业都不知道所需要人才的特征，也不知道应该到哪里去找，让招聘部门按几个关键字去茫茫人海中搜寻，那么有何意义，又要浪费多少时间呢？所以，招聘必须有用人部门的积极参与。

1.3.5 成本收益

不惜代价地招人，最终是可以把人招来，但成本失控就成为必然，这不符合少花钱多办事的宗旨。如何控制好招聘成本，以不高于业界的平均水平招到人才是招聘人员要考虑的问题。对渠道费用的谈判力度要强，力争降低外部的渠道成本。对硬成本可以进行一定程度的控制，但无法绝对下降，主要是减少软成本支出，即招人不当导致的成本支出。招人要准就是保证不浪费招聘成本的根本。

总之，招聘的核心价值简单易懂，即随时能招到企业要用到的人，但围绕这个核心价值的实现，则需要招聘部门做出长足的努力和探索。

【经典案例 1】

一家迅速崛起的中国本土公司，其招聘部门体现出自身作为 HR 的职能部门对业务推动产生的价值，且充分体现了招聘不止于招聘，要实现招聘的核心价值就要做进业务中，做懂业务的招聘，引领懂招聘的业务，共同实现公司的未来发展。

◆ 二流招聘满足需求，一流招聘推动需求

为什么做招聘最怕老板变需求？HR 都会说，是因为 HR 没有话语权。但请相信：有为才有位。你做出东西，自然会有话语权。

年底汇报 HR 人力规划时，领导说："希望 HR 更会'来事儿'，能够搅动公司人才池的一汪水。""来事儿"，就是能跟业务结合，了解痛点，找机会帮助他们在业务上提升价值。当你的价值逐渐被彰显的时候，你的话语权自然就提高了。

举一个例子，公司准备开拓一块新的业务领域，当业务部门还在讨论业务规划时，招聘部门已经开始接洽这个领域的国内外顶尖大牛，引荐给业务部门。最终，招聘部门提前找到了这块业务合适的领军人才，有力地推动业务往前走。

招聘部门通过对人才的布局和抢先一步的行动，使我们进一步认识了招聘与业务的关系，也让我们明白，HR 不仅仅是满足业务需求，更是在影响业务的布局。正是这样的深度参与，让招聘部门非常清楚公司未来在该领域的发展，亦不会去抱怨老板没想清楚，招聘需求总是变来变去。

◆ 招聘链接两端：雇主品牌和人才

雇主品牌，首先解决“你是谁”，再解决“别人眼里的你是谁”。有时候，我们却本末倒置了。连自己都不信的事儿，让别人相信是很难的。所以，雇主品牌首先要明确——“我是谁”的问题。员工对公司的认知会自行传播出去，这个信号会从外部反射回来。因此，雇主品牌实际是关注员工的感受、打造良好的内部体验，就像做用户体验一样。

招聘和人事部门一定要去满足员工近乎“变态”的需求，他们才能够去满足用户近乎“变态”的需求。这是非常符合逻辑的要求：HR 制定的政策，如果员工体验不好，员工不高兴又怎么会持续提升产品的用户体验呢？所以，某公司的 HR 特别强调以产品思维来思考问题和开展工作。该公司的某产品经理说：感觉行政和 HR 分分钟要抢他产品经理的饭碗。

“一切以用户价值为依归”，说起来很简单，但实际操作要循序渐进，把自己服务的内部客户作为用户一样去对待，内部体验自然会慢慢提升。这是雇主品牌的立足之基。

◆“精兵”策略，不止于招聘

粗放式的招聘容易给人才质量埋下隐患。要避免这些隐患就必须做到以下两件事。

第一件事：通过产品人力盘点、盘活冗余人力

摸清楚将人员投到产品和项目中产生的效能。业务部门忙着去搞相关业务，资源投放难免粗放，可能顾不上精细化管理。但人员价值和效率相当重要，可以通过基于产品项目维度的人力投入分析，摸清楚各个业务资源投入的“家底”，并推动相应管理决策，把生命周期末期或者前景不好的产品中消耗的人力释放出来，补充到公司真正要发力的业务和产品上去，使资源投入更加合理。

第二件事：“精兵”项目抓人才质量

1. 有些应该由中层管理干部面试的岗位并未被他们面试，而是由一线的

业务部门领导面试后就录用了。这种流程绕过的现象，可能会带来录用标准的降低和人才质量的下降。

2. 对高端候选人（如专家或者中层以上管理干部）的面试缺乏有效的评估手段，这些核心人才的质量令人担心。

以下为 HR 招聘中的常见场景和典型问题：

- 招聘需求又变了，这个岗位白忙活半天……
- 这个候选人我聊了两个小时，还挺投脾气，但不知道老板觉得合适不合适……
- 我现在每天都在面试，都干不了正经事儿……
- 候选人拒绝了我们的 offer，因为原公司 counter offer 了……
- 这个人我面试的时候觉得挺好的，怎么来了后表现这么差……
- 这个候选人一般，达不到我们的要求……
- 简历数量怎么这么少，招聘团队每天在干什么，能不能给力点……
- 让候选人等等吧，我这儿有个着急的会……

这些痛点，HR 遇到 3—5 个很正常。很多甲方的招聘经理每天都在这个死循环里转，尤其在和 Hiring Manager（指有人才需求的用人部门经理）对接的过程中往往很痛苦。Hiring Manager 说："我就要人，我们团队人手不足，每天加班到很晚……"但是很多时候，招聘部门给了 Hiring Manager 很多简历，但 Hiring Manager 就是挑不出来想要的人，抑或招聘部门安排了很多面试，Hiring Manager 却没时间面试，或者面试了觉得候选人水平不行……

这些问题引发了几个思考：

1. 谁是招聘责任人？知道自己要什么吗？无论是招聘顾问、HRBP（即人力资源业务合作伙伴）还是 Hiring Manager，谁是这个工作的第一责任人？知道自己想要招什么样的人进来吗？

2. 对招聘的重视度是否知行合一？对招聘非常重视，那么是否说到做到，投入足够多的思考、精力以及行动？

3. 岗位职责和工作分析是否清晰、完善？是否一拍脑袋觉得自己需要两个工程师，就让 HR 去招了？或者 Recruiter（即招聘专员）一听到 Hiring Manager 发出的需求就马上奔向战场了？有没有好好思考？

4. 能力评估标准是否准确、一致？Recruiter 认知的、HRBP 认知的、Hiring Manager 认知的以及老板认知的是不是都一致？

5. 资源是否最大化？招聘渠道对吗？所有的招聘渠道是不是都打开了？是不是都是对的？

6. 人才地图做了吗？这是猎头的事，还是 HR 或者 Hiring Manager 也要有能力去做？很多时候，对问题认知的错位导致浪费很多的精力。很多 HR 认为，猎头做了，所以我们自己不用做或不需要会做。但其实 Hiring Manager 要招一个业务人员，他的身边就聚集了很多人脉，但是他并不会做人才地图，只好外包给猎头。但是猎头对公司的了解程度有 HR 多吗？他了解不多，所以只能给 HR 推荐简历。

7. 我们真的具备领导力和行业影响力吗？当公司创立一年、三年、五年后，招人的难易度是有变化的，因为公司在行业中的品牌影响力不一样，对候选人的影响也不一样。

大多数企业都知道，Hiring Manager、HRBP、Recruiter 这三个角色非常重要。HRBP 和 Recruiter 之间经常会有很多摩擦，包括双方的定位、分工、职责等。HRBP 做得多了，Recruiter 会想自己的价值在哪里；HRBP 不做的话，Recruiter 会说苦活、难活我全做了。有时，Recruiter 给了很多资源，HRBP 不能很好地推动，Recruiter 也会抱怨 HRBP 不能推动 Hiring Manager 往前走。

◆ 明确三方职责，各司其职

1. Hiring Manager：第一责任人和受益人

首先明确 Hiring Manager 是招聘的第一责任人和受益人，很多 Recruiter 做得那么累，就是因为把责任都揽到自己身上，认为招聘就是我的事，要做到使命必达，这种担当是对的，但是 Recruiter 要让 Hiring Manager 清楚地知道他才是第一责任人和受益人，你是帮手、协助他的。所以，Hiring Manager 可以做以下三件事。

①想清楚：团队架构、团队氛围

Hiring Manager 要想清楚自己的团队如何打造一个正确的架构，不是“串糖葫芦”的架构，也不是扁平化到一个人管 30 个人，而是一个梯队式的架构，有一个成熟的 Leader 带一个团队，有一个师傅当 Mentor 带一个 Junior 的团队，这些都是 Hiring Manager 需要思考的。如果没有设计一个好的架构，招聘就有难度，包括汇报关系、岗位职责、分工等都会很混乱。Hiring Manager 还需要想清楚，要打造一个什么样的团队，如果需要招聘“狼性”的人，招聘时就不要“小绵羊”。

②说明白：招聘需求、能力要求

Hiring Manager 必须和招聘顾问、合作伙伴说明白自己的招聘需求、能力要求。

③做彻底：认真面试、科学决策

Hiring Manager 要认真投入面试、尊重候选人，不要被面试，不要自嗨。不要面试完觉得这个候选人真好，但其实候选人只是做了一个听众，没有展现他的能力。要做到科学决策，选定候选人时要设计决策环节或者优先级，如谁的专业度更好、谁更成熟、谁的情商高等，做到有效招聘。

2. HRBP：推动者和“闻味官”

HRBP 是推动者和“闻味官”，要辨识候选人是不是团队要的人，双方的文化价值观是否匹配。如果一个候选人的能力特别强，但是 HRBP 觉得他缺少某种“味道”，能不能和 Hiring Manager 说 NO，能不能一票否决？这当然取决于公司对 HR 的定位，但是 HRBP 一定要做正确的事情。假设你向 Hiring Manager 表达了你的想法，但是他不听，后来证明招聘效果不好，你也要帮助 Hiring Manager 复盘，跟他讲你当时的建议及原因，要帮助 Hiring Manager 成长。

①帮助管理者澄清招聘需求和能力要求

HRBP 不能只做传话筒，接到需求后要跟 Hiring Manager 确认招聘需求是否正确，每一个岗位的要求是否准确以及前团队成员离职的原因，降低再招一个人后又因同样的原因离职的可能，控制招聘背后的风险。

②协调各方资源，穿针引线，推动招聘高效完成

HRBP 就像珍珠项链的一根线，要把资源全部串起来。

③把握“味道”，辨识“精英”

在面试环节，HRBP 作为业务部门的 HR 要充当面试官的角色，把握“味道”，辨识精英。如果遇到候选人不合适，应尽量和 Hiring Manager 讲清楚，

给出专业的建议。

3. Recruiter：资源获取者和规则维护者

① Sourcing：开源、整合资源

② Mapping：精准定位

③ Managing：制定并维护流程，合规、高效

Recruiter 要为组织增值、为团队增值，不能只做运营专员和支持者，这样会很累。要懂得管理，要聪明地工作。Recruiter 应制定并维护流程，当一个工作重复做、陷入死循环的时候，要懂得管理，善于推动 Hiring Manager 和 HRBP。

第二章

雇主品牌建设

2.1 雇主品牌的兴起

随着中国经济的发展和转型，人力资源已经成为企业发展最重要的组成部分和发展动力。近年来，中国经济从蓬勃兴盛之势渐入创新奔涌之态，经济平稳运行的表象下发生着深刻的结构性变化。在“新常态”的背景下，人力资源领域也在发生着变化，工业时代“雇员”（Employee）的称谓慢慢退出时代舞台，取而代之的是知识经济时代对人才（Talent）的追捧。自 2010 年起，中国的人口红利开始消退，人才自身的能力、知识、态度、价值观成为影响企业绩效和发展的重要因素，人才市场从买方市场转变为卖方市场，人才争夺战越来越激烈。同时，随着人们物质文化生活以及价值观的转变和提升，找工作的标准也在发生着变化。

人才市场环境的变化使得“雇主品牌建设”在中国成为一个不容忽视的重要课题。如果说昔日的人力资源管理是在呼应社会变化，寄希望于以合规管理换得和谐的雇佣关系，以优越的报酬换得员工的忠诚，那么现在，企业人力资源管理如果继续固守雇主在劳动关系中的主导性，用冰冷的制度和规范维护雇主的主体性，只会导致其在人才市场中失去竞争力。

如今“80 后”已然成为职场的中流砥柱，“新生代员工”的标签属于“90 后”职场新秀。新生代员工更加注重自我价值的实现，更加追求多元化，同时他们比企业更早知晓人才的争夺形势，因而也更懂得在谋生和自我实现之间取得平衡。在新生代员工眼中，“好雇主”不再简单等同于高收入、好福利、离家近。谁能引领人才内心的价值取向和诉求，谁才是众望所归的业界“好雇主”。

为了从竞争激烈的人才市场脱颖而出，越来越多的企业开始试水雇主品牌战略，注重内部的雇主品牌建设与外部传播。十年之前，我们为雇主品牌如何落地中国上下求索。十年之后，我们欣喜地发现，雇主品牌理念已经在中国人才市场深入人心，一些先行者已然凭借标识鲜明的雇主品牌获得人才优势、成为行业标杆。

2.2　雇主品牌的核心内涵

2.2.1　雇主品牌的概念

美国《财富》杂志从 1984 年开始举办"美国最佳雇主"（Best Employers）的排名活动，算是对雇主品牌（Employer Brand）研究的开端。进入 20 世纪 90 年代，一些学者从市场营销学的角度，把产品的品牌概念应用到人力资源管理领域，雇主品牌的概念才慢慢发展起来。

雇主品牌是由英国管理专家 Ambler 和 Barrow 于 20 世纪 90 年代提出的概念，他们认为，雇主品牌体现为由雇佣行为提供并与雇主联系在一起的功能、经济和利益的组合。作为雇主的形象标志，雇主品牌表现为企业激励和保留现有员工以及吸引潜在员工的相关价值、政策和行为体系。故而，雇主品牌价值应包含雇主形象、雇佣体验和雇主品牌传播三个部分。

雇主品牌的主要含义有：

第一，雇主品牌既非一种纯粹的符号，也不是单纯的企业形象和对员工（包括潜在员工）的价值承诺，而是企业在运营管理基础上形成的一套体系，是人力资源管理水平的综合体现。

第二，雇主品牌的传播是一个由内部到外部的渗透过程（CEO+HR →内部员工→潜在员工）。组织之外的公众和潜在员工，对于雇主品牌形象的认知可以通过直接或间接的方式了解和感知。

雇主品牌既包括无形的企业文化、企业的价值观和使命等，也包括企业提供的有形的物质，如薪酬福利、培训与晋升的机会、工作环境等，它是将品牌的外部承诺与内部体验紧密结合起来的产物。

2.2.2 雇主品牌与产品品牌、企业形象品牌的关系

企业品牌指的是企业整体品牌，除包含企业形象品牌、产品品牌外，还应该包括雇主品牌。企业通过这些子品牌可以向不同的利益相关群体展示企业形象，传递企业文化与核心价值，表现产品与服务质量，以此提升企业的影响力。

产品品牌、企业形象品牌和雇主品牌是企业品牌的三大组成部分，它们之间既有联系，又有区别。

表 2-1　产品品牌与企业形象品牌、雇主品牌的比较

比较内容	产品品牌	企业形象品牌	雇主品牌
主体	某种或某一系列的实体产品或服务	企业整体形象	作为雇主的某个企业实施雇佣行为的雇主形象
目标群体	目标消费者	全社会	潜在员工和现有员工
目标市场	产品市场	全社会	人力资源市场
营销内容	企业提供给顾客的价值，包括产品、服务和购买经历等	树立良好的公众形象	雇主承诺和形象，即企业提供给员工的价值及雇主在已有员工和潜在员工中的形象
评价指标	市场占有率、顾客满意度、营业额等	企业知名度、美誉度	员工满意度、忠诚度、流动率等

产品品牌针对的是目标消费群，品牌的核心是基于产品或服务之上的品牌形象；企业形象品牌则针对更广阔的目标群体，包括消费者、雇员、股东和社会公众，品牌的核心是以企业为实体的社会公众形象；雇主品牌针对的是企业的目标人才，包括企业内部员工和企业外部人才市场中的潜在员工，品牌的核心是人才。

在产品品牌、企业形象品牌、雇主品牌的“三角关系”中，雇主品牌对塑造其他两个品牌具有重要作用。优秀的雇主品牌树立的是人们乐意为之工作的形象，在保留人才的同时源源不断地吸引着人才。如果雇主品牌形象不佳，员工流失率高，必定有损公司的产品品牌形象，产品品牌不保，还谈何企业形象品牌？

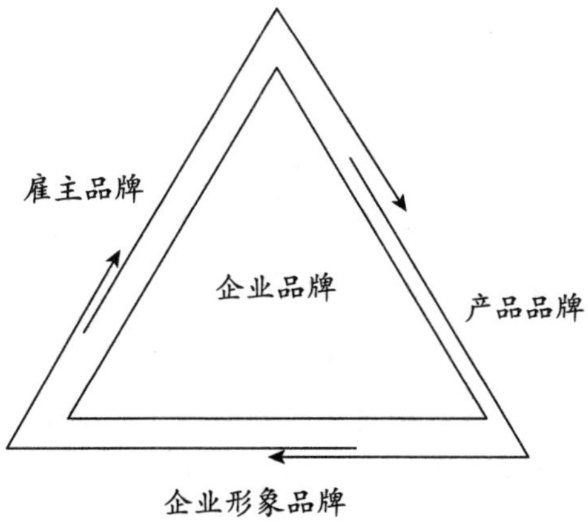

图 2-1　企业品牌的“三角关系”

不管上述三种品牌差异有多大，其终极目标是一致的，即服务于“企业品牌”这一大的品牌，分别从不同角度为“企业声誉”这一综合认知加分，所以三种品牌应该各司其职，发挥各自的优势。木桶原理的故事最能解释这个道理，企业不能让短板影响自己的前途和长远发展，所以雇主品牌应和产品品牌协调统一并相互支持，在重视产品品牌和企业形象的同时，需要花经历和心思在雇主品牌的建设上，而且事实证明这样做是值得的。只有有了好的雇主品牌，吸引到更多的一流人才，才会有一流的生产力，生产更多创新且有价值的产品并得到消费者的认可，企业才能创造更多价值，提高综合能力，提高核心竞争力，有更好的口碑和声誉，企业才能长青。

一些企业在认识雇主品牌这个新概念的时候，往往只是通过不断完善产品品牌和企业形象品牌来被动地塑造雇主品牌，而对于雇主品牌能为产品品牌和企业形象品牌带来巨大的能动反作用这一方面，常表现出不够重视甚至是忽视的态度。其实，雇主品牌和产品品牌、企业形象品牌一样能够实现商业目的，雇主品牌通过良好的工作环境、丰厚的薪水和其他诱人的条件吸引人才、留住人才，让雇员最大限度地为公司发挥价值。同时，这种积极的循环效应又在外部为公司吸引更多优秀的雇员，为公司赚取更大的商业利益。

亚太地区最大的咨询公司华信惠悦（Watson Wyatt）在长期研究中发现：与其他员工相比，高度敬业的员工成为业绩出色员工的可能性高出 1 倍（业绩评比结果甚至远远超出监督者的预期），强烈相信本组织市场理念的可能性高出 8 倍，相信自己的工作对于实现品牌承诺至关重要的可能性高出 1.5 倍。这样的结果也带来了公司财务业绩的持续上升。数据显示，与普通员工相比，敬业度高的员工为持股五年以上的股东带来的五年收益高出 16%，带来的市场溢价高出 50%，劳动生产率高出 26%[①]。

可见，良好的雇主品牌可以提高员工的敬业度，敬业度高的员工有更高的劳动生产效率，且不易在困难时期离开组织，在组织发生重大变化时更有韧性，如此的良性循环正是雇主品牌的魅力所在。因而，越来越多的企业开始意识到，雇主品牌与产品品牌和企业形象品牌同等重要，是企业在人才争夺战中制胜的法宝。

2.2.3 雇主品牌的价值

优秀的雇主品牌无疑会在日益激烈的竞争环境中为企业增添很多优势，关于优秀雇主品牌的价值，我们可以从三个角度分析其作用。

◆ 企业吸引和留住人才的“蓄水池”

为什么有些公司会对员工产生一种莫名的吸引力？在市场争夺战中，产品的品牌能够帮助企业赢得客户，而在人才争夺战中，强有力的雇主品牌则能够帮助企业吸引并留住最好的人才。

雇主品牌是企业品牌的一部分，很多求职者往往也是雇主产品的消费者，雇主品牌效应在人力资源市场乃至产品市场上都是一种宝贵的无形资产。正如管理思想家查尔斯·汉迪所说：“今后，我们将不再‘寻找工作’，而是要‘寻找雇主’。”雇主品牌反映了人才对企业的高度认同，是最佳工作地的形象标杆。毫无疑问，具有公信度的雇主品牌，将极大提升企业对人才的吸引力。企业一旦确定了最佳工作地的形象标杆，实际上就在人才竞争价值链上抢占了先机，这有利于企业在吸引人才方面获得优先选择权。目前，“最佳雇主”已经成为人才市场上人才应聘的风向标，吸引优秀人才前来应聘加盟，使企业成为人才济济的“蓄水池”。

① 华信惠悦 2008 年 WorkUSA 调查结果。

◆ 企业获得财务回报的“秘密武器”

雇主品牌建设需要企业投入大量的人力和财力，但是这种投入也能够在其他方面给企业带来成本优势。

首先，招聘成本支出减少。人才吸引力提升带来的直接效果就是应聘者数量和质量的提升，大大减少企业为吸引足够候选人才而产生的宣传和推广成本。其次，企业能够借助雇主品牌积极地向潜在的应聘者传递关于企业价值观、企业文化、人才理念、劳资关系等多方面的信息，通过这种积极的沟通，能够吸引认同企业价值观和企业文化的人才，屏蔽价值观不一致的人才，以减少企业与人才双方不适配的风险。另外，由于人才队伍更加稳定，人员离职损失和重置成本会更低。更重要的是，薪酬成本的压力也会减小。一个声名在外的雇主品牌，可以作为求职人才选择的一个尺度，促使其在选择时心理上更加倾向于品牌雇主，哪怕品牌雇主的付薪水平并非很有竞争力。

前面我们也提到过，华信惠悦在“雇主调查”中发现，普通雇主的三年总体股东回报率是 66%，而卓越雇主的回报率是 108%，接近普通雇主的 2 倍。翰威特咨询公司通过长期研究调查得出的结果也证实：最佳雇主 = 最佳员工 = 最佳绩效，即最佳雇主拥有最敬业的员工，而最敬业的员工为企业带来卓越的经营结果。最佳雇主对员工的投入产生了明显的回报，与其他公司相比，他们在许多财务指标上均展现出更加出色的经营业绩。

◆ 企业完善管理制度的“强心针”

企业打造雇主品牌的过程，本身就是企业自我审视人才策略和管理机制的过程，因此这一过程可以帮助企业提高人力资源管理的能力，优化人才的成长环境。同时，通过与其他公司对比，企业能够更加了解自己在人才市场上的竞争态势，从而明确未来的人才策略和提升人才管理水平。也可以这样讲，通过创建最佳雇主品牌可以驱动企业不断优化内部人才的生态环境，这种生态环境会产生聚合能力，增强人才的整体竞争能力，真正实现人才与企业的同步成长。

雇主品牌建设为公司提供了一个更为协调有效的管理模式，它在管理员工期望的同时，建立了以绩效为导向的企业文化，确保员工了解公司经营的发展方向，从而增强执行力、提高生产率。良好的雇主品牌，不仅可以提升企业人力资源管理的有效性，而且有助于理顺和加强劳资关系。人才是企业引以为傲的资本，也是竞争优势的核心源泉。雇主品牌有助于提升员工敬业度和满意度，推动员工焕发更大的热情来工作，为企业和社会做出贡献。

2.3 雇主品牌的建设与实施

随着全球人才争夺日趋激烈，吸引、留住优秀雇员成为人力资源管理的战略目标和紧迫任务，“雇主品牌”因此成为在激烈竞争中取胜的新理念、新工具。越来越多的企业高管和 HR 经理人把目光投向了这里，以期找到人力资源战略发展的新阵地。

那么，如何构建并实施雇主品牌战略呢？

2.3.1 雇主品牌的标尺

雇主品牌的构建其实主要是表达一种价值主张，即员工价值主张（Employment Value Proposition，EVP）。EVP 是从客户价值主张引申出来的一个概念，客户价值主张探究的是，为什么客户从你的公司而不是从你的竞争对手那里购买产品 / 服务？你的公司如何才能比竞争对手做得更好？相似的，员工价值主张探究的是，员工为什么会选择到你的公司而不是到其他公司工作？你提供的工作机会能否为员工带来与众不同的价值？

企业通过对员工价值主张向内部、外部持续有效的传播和沟通，逐步形成雇主品牌。EVP 在一定程度上就是企业针对目标受众的独特“个性”，所宣传的是企业的优势、价值定位以及应聘者所追求的价值。一个合理有效的 EVP 体系能够提供给应聘者一个具有说服力的雇主品牌全景图，既帮助他们认识企业，也了解自己真正的职业期望。

那么，如何定位个性，即如何确定雇主品牌的差异化价值定位呢？

提出鲜明的价值主张、整合人力资源政策，并就此和员工进行长期、持续的沟通和传播，这是很多企业实践验证的构建雇主品牌的有效途径。

EVP 的构建过程主要分为三步：EVP 萃取→企业匹配→品牌化实施与推广。

◆ EVP 的萃取

EVP 的萃取过程，即收集、分析信息并建立雇主品牌价值主张模型初稿的过程。

发展雇主品牌，首先需要厘清的是，公司未来的前景，长、短期战略目标及达成目标的关键因素是什么；其次是公司需要哪些核心人才；最后是公司目前的人才状况如何，还存在哪些差距。从厘清战略开始考虑雇主品牌的定位，才能保证雇主品牌适应未来发展所需的核心职能与人才需求相适应，而这一环节往往在实务操作中被忽视。

接下来，应考虑的是核心人才工作的驱动力为何；薪资待遇、福利制度、发展与升迁的机会、工作丰富化、工作环境等，哪些是核心人才最关心的；现状是否满足其需求。走在前列的公司往往广泛收集信息，采用大量的专题座谈和数据分析以及调研，来了解优秀员工为什么加入或留在公司，甚至将一流的市场调研技术运用到挖掘内部优秀人才的需求上，在此基础上制定“求才留才”策略以及雇主品牌的价值主张。

与管理层主动向员工分享战略发展、财务业绩相比，用心倾听来自员工的声音，真正了解员工的需求，往往更难做到。很多优秀雇主都在缩小管理级别的差距，如从一些象征性的方面，包括称谓、标志、着装以及办公室配置等方面消除差异，营造平等的氛围。除了平等相待，还表现在创造相互信任的氛围，给员工自由表达、发挥才干的空间。

【经典案例 2】

IBM Jam：让员工自由地表达

在爵士乐迷中，有一种竞技叫 Jam Session（爵士即兴演奏）。在这种不经过彩排的表演中，合作的人互不相识，专长各有不同，但是他们通过彼此火花激荡而即兴创作的乐曲，很可能变成传世的天籁。

即兴演奏爵士乐的 Jam，似乎不经意间成了 IBM 的“拿手戏”。

2001 年，Jam 还只是 IBM 的一个内部试验。随着工作方式的多样化，有些员工在家上班，有些员工在客户公司上班，而Jam成为员工之间相互联系的网络公告栏，许多问题和解答也可以在Jam中找到，但是IBM并不仅仅想让Jam实现这些功能。

IBM发现，网络时代的员工都很独立、聪明且有自己的想法，如果把员工的头脑智慧运用起来，让他们一同参与决策，这将是一个巨大的智慧宝库。但是让全球的员工同时在线发帖，海量信息的处理是个难题。直到2003年，Jam的文字搜索和提炼功能成熟之际，时任CEO的彭明盛果断决定，让Jam成为员工智慧的采集工具。当年，在对公司管理体系进行六个月自下而上的审查后，IBM在内联网上开展了72小时全球在线大讨论，主题是“Value Jam”，由员工自下而上地提出对公司文化及价值观的想法。在这三天时间内，有五万名IBM员工（包括彭明盛本人）上网查看了讨论内容，并就此发表了近万条评论，讨论活动充满激情，创意不断。通过全球投票的方式，制定了“创新为要”“成就客户”“诚信负责”三个价值观后，Jam又分为六个题目在网上继续讨论。许多人，即使有好的创意，也都藏在口袋里，但在Jam中，每个论题都由高层亲自带头，把好的创意“show”出来。

其后，IBM每隔三年便有一次不同主题的大型Jam袭来，各分公司大大小小的Jam也不计其数。如今，Jam已经成为IBM必备的一个管理工具，也被应用于构建雇主品牌价值主张的过程中。

在构建雇主品牌价值主张时，IBM为员工建立了一个畅所欲言的环境，真正尊重和倾听他们的心声。在很多企业中，雇主品牌战略可能仍停留在特定阶层的大脑或者会议室中。而在IBM，它真正把员工的声音联结起来并分享出来，让每一位员工成为公司文化及价值观的发起者。通过这种群策群力的扁平化沟通机制，IBM试图告诉员工“每个人都有机会参与”，员工不是产品，而是公司的品牌。

倾听员工的声音，收集足够的信息，进行梳理和分析，便可对吸引员工和应聘者的各个因素有更清晰、全面的认识，进而建立员工价值主张的初步模型。

◆ EVP的企业匹配

模型建立后，还需要进行微调，以便与企业的具体情况相匹配。匹配过程主要包括焦点小组测试及修正 EVP 模型。

1. 焦点小组测试

企业中，不同层次的人员，甚至同一层次的人员之间的需求存在着差别。正如马斯洛的需求模型所阐述的，不同人员对于五种需求的程度是不同的，普通员工在意的也许只是基本的生存需求或生存激励，而管理人员所要求的可能是社会地位或自我价值的实现。因此，为了确定所有类别的员工 / 潜在员工的 EVP 模型变量，我们需要将员工分成不同类型的小组，用 EVP 模型初稿分别进行测试，通常来说可采用问卷调查、面对面访谈或电话会议等多种形式，详细了解员工对于 EVP 的看法和反馈。

2. 修正 EVP 模型

根据焦点小组测试结果对 EVP 因素进行调整，以便适用不同的群体。但是，如果每个群体都制定一个 EVP 模型，势必会加大 HR 人员的工作量，因此，这里可以只选取组织核心人员的 EVP 作为最后模型。

对于最后确定的 EVP 模型，分析其优劣点，并进行适时适量调整，以使其更适合公司的发展和员工的利益。此环节也可与其他 HR 工具相关联，如员工敬业度调查等。

◆ EVP 的品牌化实施与推广

一个完善、有效的 EVP 体系，如果只是单纯地建立起来，而缺乏具体的实施、推广，长时间以后就会变成一道流程、一种摆设。那么，如何对 EVP 实施并推广，以使其能一直有效地为公司创造价值呢？

以下两种做法可供参考。

1. 开展 EVP 讨论会

公司定期进行正式或非正式的 EVP 讨论会，了解员工对现有 EVP 模型的认知，针对 EVP 的主要内容或最新出现的相关案例进行讨论，识别其对员工产生或可能产生的积极或消极影响，并整理备案。综合分析各部门的讨论结果，以访谈信息或调查数据为依据，对现有 EVP 模型进行调整，并规范由此产生的员工行为。

2. 品牌化推广

当 EVP 形成后，我们需要通过不断的提示和推广，让现有员工或潜在员工意识到在公司工作是有价值的。例如，在公司内部周期性地宣传代表 EVP 价值的标语和代表 EVP 价值的行为，可以结合实际事例进行传播；也可以在招聘网站和招聘活动现场，将 EVP 标语挂于宣传广告牌上，在面试的时候，对于比较满意的应聘者，进一步与其分享 EVP 的内容。

2.3.2 雇主品牌应该由谁来负责

成功实施雇主品牌，绝不仅仅是人力资源部的工作，而是从高层到基层达成的一种共识，企业管理的各个环节都必须跟上，不同的部门紧密合作，扮演好各自角色，从而共同推动品牌建设。

高层人员：负责协同企业战略、公司价值观和使命，树立榜样并积极扮演雇主品牌大使的角色；

人力资源部：负责识别核心人才的驱动因素，建设可以推动雇主品牌的人力资源流程、制度、架构和激励体系；

市场和沟通部：使雇主品牌和产品品牌价值协调一致，并向内部和外部沟通雇主品牌价值；

各业务单元：负责确保业务目标、方向、下属员工行为与公司价值观和雇主品牌一致；

员工：在工作中理解、执行并向潜在雇员宣传雇主品牌含义。

塑造雇主品牌的最大挑战在于要确保所有关键部门对雇主品牌的认识达成一致，并团结在其目标周围密切合作，长期贯彻和实施雇主品牌战略。在大多数公司，这几个部门仍然是缺乏往来的。因此，要成为卓越雇主，必须综合运用雇主品牌管理的技术，并实现以雇主品牌为己任的共通共荣的跨部门合作，才能在全球的人才争夺战中赢得一个持久性的品牌竞争优势。

2.3.3 雇主品牌建设要内外兼修

推广雇主品牌时的一个要义是内外兼修。雇主品牌是雇主对现有员工和潜在人才的承诺，它包含内部品牌和外部品牌两个部分。内部品牌是在现有的员工中树立品牌，它是公司对雇员做出的某种承诺，它不仅仅是公司和雇员之间建立的关系，还体现了公司为现有员工和潜在员工提供的独特的工作经历。外部品牌就是在潜在的雇员中树立品牌，使他们愿意到公司来工作，为公司树立最佳工作地的形象。

首先是雇主品牌的内部建设。

内部员工是公司最佳的代言人，在员工求职到离职的整个职业生涯中，不断宣传和践行雇主品牌，是实施雇主品牌战略的重要方面。很多在校园招聘中享有盛誉的雇主，如 IBM 和微软，都会选择让员工成为雇主品牌的代言人，让潜在的雇员认识到雇主带来的独特工作体验。

◆ 从招聘开始留住员工

在很多情况下，招聘的目的并不是寻找具备合适经验的人，而是寻找具备合适思维方式和价值观的人。企业要想吸引优秀的人才，就必须在招聘上下足功夫。一个具有良好雇主品牌的企业，通常会运用丰富的渠道传播雇主品牌信息，力图在招聘活动中向求职者传递雇主的经营理念、企业文化、用才之道，在各个环节体现雇主优秀的形象，最大程度地宣传自己雇主优秀的品牌，展现企业的魅力，使得求职者对于企业有一个初步而立体化的了解。另外，企业也能够借助雇主品牌的宣传和沟通，吸引认同企业价值观和文化的人才，屏蔽价值观不一致的人才，以减少企业与人才双方适配的风险。

最佳雇主对招聘的重视，也体现在对招聘程序和招聘工具的精心设计上，对潜在雇员进行严格而富有创意的选拔式招聘，会使员工更加珍惜工作机会，更长久地为公司服务。在招聘时，雇主建立一套按照不同的岗位层级划分的人才核心素质模型，包括专业、经验、技能以及文化价值观和个性要求，再逐一进行衡量和评估，以便更精确地找出那些适合企业的人才。日化行业的两大巨头，欧莱雅和宝洁，都以招聘严格而闻名。宝洁的招聘通常历时三个月或更长时间，从填写申请表便开始了第一轮筛选，此后经历解难能力测试、TOEIC（托业）英文测试、初试和复试等几个关卡。这种选拔过程一方面确保候选人得到仔细的考察，另一方面严格的考试被认为能够增进最终入选者的自我评价和精英感，这种精神状态非常利于员工进入公司工作后敬业度的提升。

◆ 用培训投资员工的未来

员工被录用的原因，除了肯定他能胜任目前的工作岗位之外，往往还包括认可他在未来担任更重要职位的潜力。对那些视员工为成本的公司来说，培训是一项很大的费用支出，而对于以员工为资产的最佳雇主，培训则是一项重要投资。

IBM 倡导“学无止境”，推动“从总裁到普通员工不断进行学习和培训”的机制，鼓励员工不断汲取新知识，提高自身整体竞争力，进而更好地服务客户。2013 年年初，IBM 总裁兼首席执行官罗睿兰向全球员工发出了“40 小时个人成长计划”的倡议，号召员工每人每年进行 40 个小时的个人学习，培养专业技能，实现持续成长与提升。IBM 提供了正式学习和实践性学习两种方式供员工选择。正式学习包括虚拟课堂学习、实体课堂学习和在线学习，实践性学习包括工作见习、导师辅导和任务指派等。员工可以根据自己的实际情况制订个性化的最佳学习方案，通过持续性的学习来充实和完善自己。

在新生代的本土 IT 企业腾讯，也针对基层管理干部和中层管理干部的不同层次，设计了不同层级的培训计划。比如，对于准备提升为基层管理干部的员工，设计了“潜龙”计划，而对于那些准备从基层晋升到中层的干部，又有“飞龙”计划，再向上发展还有 EMBA 计划等。在另一家以完善的培训体系闻名的企业——GE 中国，员工被鼓励说出自己的职业发展需要。如果想在这里调查最受欢迎的课程，很难得到一个统一的结果。“创造客户价值的销售技巧”“六西格玛”“非财务人员的财务培训”“演讲技巧”等，不同的人给出不同的答案。

◆ 用薪酬表达对员工的认可

薪酬水平的市场定位，直接影响到企业和竞争对手之间的人才争夺，影响到企业是否能吸引人才以及吸引什么层次的人才。当然，有竞争力的薪酬并非最佳雇主吸引员工的最重要手段，但却是不可或缺的因素。套用那句著名的俗语，“薪酬并非万能，但薪酬过低却是万万不能。”

第一，提供有市场竞争力的薪酬。有些最佳雇主提供的薪酬在业界处于绝对高位：波特曼丽嘉酒店有 90% 的员工工资都是国内五星级酒店相同职位中最高的；德州仪器的研发人员比同行业平均的薪资水平要高出 20% 甚至更多。

第二，进行薪酬福利市场调查。比高薪酬更重要的是，这些企业的人力资源部门每年都会做详细的薪酬福利市场调查，并据此调整本公司的薪酬水平，对市场竞争特别激烈的重点部门会有更细致的设计。

第三，让员工参与分享收益。最佳雇主的薪资水平虽然都很有竞争力，但并非都是业内最高。其中相同点是，他们都注意在设计薪酬时，把公司的业绩表现和个人利益联系在一起，让员工的参与度更高。

第四，给予个人化的激励。在所有员工共享的福利、津贴之外，当员工对公司做出特殊的贡献时，他们还应当得到更多的肯定和奖励。这也是员工在今后的工作中愿意付出更多努力的动因。

◆ 提供良好的工作体验

最佳雇主注重优化人才的生存环境，他们用各种各样的方式帮助员工获得更好的工作体验：打造一个舒适的工作环境，重视员工的生活品质，组织丰富多彩的健身、娱乐活动，提供免费的专家心理咨询，帮助员工扩大社交圈、解决个人问题等。

设身处地为员工着想是 IBM 价值定位的基础。IBM 致力于创造一个宽容、弹性的工作环境，帮助员工平衡工作和个人生活。为此，他们积极推行弹性办公计划，根据员工的具体情况，提供多样化的办公地点选择，享有最大限度的弹性办公方式，保证员工能够更好地投入工作。

在宝洁，通过推行“工作与生活平衡（Better Work Better Life）”的活动，采取了一系列灵活的措施让工作变得更轻松。在公司有一个 Fruit Station（茶歇供应），还有配备专业按摩师的按摩室，员工在工作时间如果觉得累了就可以来放松和按摩，只收取相当低廉的费用。

顶级的厨房设备、定做的奶昔，在谷歌总部，员工可以享受到免费的美食。谷歌甚至有一条规定，员工 30.48 米之内必须有食物。这也是为什么谷歌总部随处可见免费小吃点和饭馆的原因。除了免费美食，谷歌还为员工提供健身中心、24 小时开放的健身房、瑜伽课、医疗服务、营养师、干衣机、按摩服务、私人教练、游泳池、温泉水疗、以生物柴油为燃料的班车……这些丰富而具有吸引力的福利会让人义无反顾地选择谷歌。

其次是雇主品牌的外部建设。

如前所述，雇主品牌建设包括内部品牌和外部品牌两方面，雇主品牌建设不仅仅针对企业内部员工，它同时包括大范围的社会群体以及潜在的社会雇员。优秀雇主品牌外部建设会让公司在人力资源市场上享有较高知名度、美誉度，帮助公司在行业内形成独特的竞争优势。

建立外部品牌最好的方法不是依靠媒体和招聘广告的宣传，而是实施长期且有效的社会责任战略，建立良好的社会口碑和社会形象。只有一个拥有社会责任感的企业，社会媒体和广大的潜在员工才会认同企业文化和其做出的承诺。

例如，英特尔公司通过对企业社会责任和雇主品牌战略进行整合性管理，将其融入经营和决策，以便进一步提升公司的品牌价值。英特尔公司董事会下设公司治理与提名委员会，负责监管公司整体的企业社会责任和雇主品牌管理工作。同时，管理审查委员会负责管理企业雇主品牌以及与其可持续发展相关的事务。此外，还专门设立了一个全球性的与雇主品牌相关的办公室作为内部业务顾问，一并统筹相关事务，并为各个事业部提供相关战略指导、咨询和工作协调。社会责任的不断提高和深入为英特尔公司在全球建立了良好的社会口碑，从而进一步树立了全球优秀雇主品牌形象，并为企业带来更多的人力资源价值。

IBM 经常捐赠业务专业知识和产品，为非营利组织提供与客户相同的解决方案。通过这种方式，IBM 避免了“支票簿慈善”行为，而是让非营利组织参与其中，以便深入了解这些组织的需求，为它们提供针对性的服务和技术。

通过“专业咨询服务捐赠”项目，IBM 的专业技术人员和咨询人员在全球范围内，与当地的非营利组织开展多元化合作，利用专家在战略规划、项目管理、领导力培训等方面的专长，以及一些深层次的技术服务，如分析软件、云协作软件，帮助非营利组织提升技能水平，改善运营条件，解决面临的问题，从而更好地为社区服务。

通过实施社会责任战略，在当地社会建立良好的口碑和形象，从而打造外部品牌，使更广泛的社会群体以及潜在的社会雇员认识到雇主品牌的价值。

2.4 雇主品牌建设的发现与思考

第一，近年来，塑造良好的雇主品牌已经成为人力资源管理的重要发展趋势。打造雇主品牌并力争成为优秀的雇主，是在人力资源市场赢得持久性竞争优势的一种战略选择。对于最佳雇主而言，致力于找寻一些独特的方式去吸引员工全身心地投入——力争实现非凡的绩效，这归功于他们始终坚定不移地认为——只有员工的激情与承诺才是企业成功的根本保障。从行业领先企业的经验和多年的调研发现来看，最受员工欢迎的雇主未必给予员工最优厚的薪酬，他们更关注的是员工的生活、满足员工成长发展的需求。优秀雇主需要从多个方面来考虑员工的需要，无论是从物质上还是精神上，都要给予员工完善的待遇。尤其要重视与员工情感的沟通，因为这些细节容易触发员工对于企业的情感认同，能真正打动员工的“心”，促使员工建立起一种感情纽带和心灵契约。对于内部员工来说，企业的满意度主要受三个因素的影响：期望、承诺和表现。尊重每一个员工，满足员工的合理期望，实现对员工的承诺，表扬员工的优秀表现，是优秀雇主最基本的特质，也是打造最佳雇主的基本着力点。

第二，通过调查数据可以发现，人们始终将对员工的尊重视为衡量一家优秀雇主最为重要的特征。随着商业环境的快速变化和信息技术的飞速发展，人才的流动比以往任何时候都更加频繁，企业与雇员之间维持长期的雇佣关系难度越来越大。因此，只有企业给予员工充分的信任与尊重，通过雇主品牌管理为雇员的未来成长创造良好的人际环境、工作环境和成长机制，建立对话式的沟通与协调机制，给雇员更多参与和自主管理的机会，才能使企业对人才形成强大的亲和力，达到企业利益和雇员利益的双赢，雇员才会对企业产生强烈的归属感、成就感，为企业利益拼搏奉献。

第三，员工对理想雇主的期望与所在企业的现实表现之间存在着一定的错位。特别是，作为潜在员工的大学生，其期望与企业的实际表现之间差距更大。作为优秀雇主，只有通过雇主品牌提供清晰的品牌形象：从薪酬福利、文化、环境、职业生涯等诸多方面来证明这里是最理想的工作场所，通过招聘环节，向潜在的员工提供独特的工作体验，依靠雇主品牌吸引潜在人才。好的雇主品牌就意味着好的雇佣体验，一旦塑造成功就会形成一定的品牌吸引力，而这种效应在人力资源市场上形成宝贵的无形资产。因此，针对大学生这一潜在雇员进行雇主品牌推广和宣传时，首先是要了解大学生在求职过程中的需求以及对本企业的雇主品牌的认知，然后对本企业的人力资源、品牌等资源进行整合和定位，这样在校园宣讲、校园招聘等诸多推广活动中才能做到有的放矢，从而更有效地吸引、录用那些适合本企业的优秀人才。

"不积跬步，无以至千里"，雇主品牌建设之路任重而道远。建立一个优秀的雇主品牌绝对不是一朝一夕，仅凭人力资源部门单枪匹马便能大功告成的事情。雇主品牌建设是一个战略问题，更是一个系统工程，它需要企业从高层管理人员到普通员工长期、持续的共同努力，既不能急功近利，更不能半途而废。企业需要具有战略的眼光和敏捷的思维，综合运用宏观的策略和微观的措施来塑造最佳雇主品牌。

第二篇

招聘中的五项必修课
——企业招聘实践之法则

第三章

明晰招聘需求

招聘是人力资源的核心业务，而确定招聘需求是核心业务环节的起点，它不但引导招聘的全流程，而且对招聘全程起到指导作用。所以，把控好这一源头显得尤为重要。俗话说得好，“良好的开端是成功的一半”，唯有把第一步稳定扎实地走好，奠定好基础，才能在之后的道路上走得顺畅、走得精彩。因此，如何合理确定招聘需求其实大有文章。

3.1 确定招聘需求的必经之路

当公司用人部门提出职位空缺需要人才储备时，作为招聘部门的我们，在头脑和行为上应该如何做呢？是直接发出招聘需求，立刻提供候选人，还是揣摩用人部门的具体需求，做到“望闻问切”“有的放矢”呢？

大部分做招聘的同事，其实有一个普遍的观点，就是认为自己是职能部门，应该很好地协助用人部门来完成招聘工作，做到立即响应、有求必应。相应地，大部分的用人部门更多的是提出他们的需求，以及询问招聘的进度和结果。当人员跟不上的时候，用人部门不是考虑是否需要协助和给出建议，而是对人员不能及时到位的抱怨和责问。但实际上，这个观点是非常错误的。用人部门和招聘部门完全是独立存在的两个部门，术业有专攻，完成一个招聘不光是“用人部门提出需求、招聘部门立刻完成需求”这样一个简单的契约式过程。因此，招聘人员应该从这种被动的局面中走出来，我们应该具有专业的导向性，给用人部门精准的意见，提供一个合情合理的解决方案，从而完成一个共同合作、吸引人才的目的。

良好的沟通与合作是制胜的关键，如果一味地为了尽快完成指标而“粗暴招聘”，后果不堪设想。高流失率、新晋候选人水土不服、用人部门不满意和投诉等将会接踵而至。而只有做到“望闻问切”，通过不同的方面、不同的角度来了解用人部门的需求，对公司的业务和发展方向以及职位特性了然于胸，才能确认人才搜索范围和方向，才能达到真正的“多快好省”！

3.1.1 招聘需求的解读

所谓招聘是指根据工作需要运用相关方法和技术，吸引并选用最适当的人才的过程。而在招聘工作之前，一定要做的就是招聘需求分析。

招聘需求分析相当于对企业现在的人力资源整体情况做一遍系统的梳理，为企业中存在的人力资源问题寻求解决方案，招聘需求分析需要做到对整体人员进行综合评估、分析，对公司现阶段的发展有一个清晰的认识，根据企业的发展战略规划，做好人力资源招聘工作，为公司发展储备人才，同时做好招聘规划，保证招聘有效进行，从而能够使招来的员工“人尽其才”。

招聘需求分析是一项系统而专业的工作。对于现代的人事招聘来说，招聘选人成功的出发点不是来自高超的面试技巧，而是来自对需要招聘的职位的深刻理解和认知。在进行招聘需求分析时，要不断思考和回答：在特定的发展阶段、特定的文化背景下，面对变动的市场环境和企业用人需求的动态变化和弹性的岗位要求，企业到底需要什么样的人，所以企业招聘需求分析应成为招聘管理系统中关注的焦点。当你收到一个招聘任务时，必须对该职位进行深入分析，把握用人部门对该职位的需求，以此制定相应的搜寻策略，指导自己后续的人才搜寻工作。前期的分析工作对结果的影响是巨大的。所以，作为招聘人员，必须通过不同的途径、不同的角度来了解用人部门的需求，这样才能确定人才的搜寻范围和方向，做到有的放矢。

3.1.2 招聘需求的沟通

拿到一个招聘任务，首先要做的就是和用人部门进行有效沟通，了解具体的招聘需求，让用人部门真正地参与进来，协同合作。如果过于单方面地依赖招聘人员，可能会产生招聘人员不是百里挑一的寻找精英人才，而是为了尽快完成招聘指标拿平庸之辈来充数，最终承担损失的不是招聘部门，也不是用人部门，而是公司本身。

而职位说明书即岗位说明书是连接用人部门与招聘人员的一条纽带，也是之后任职者和管理者了解岗位的信息工具。撰写好职位说明书不仅能起到事半功倍的效果，也能给企业品牌的宣传带来良好的作用。

职位说明书，概念上来讲是表明用人部门期望员工做些什么、规定员工应该做些什么、应该怎么做和在什么样的情况下履行职责的汇总。职位说明书最好是根据公司的具体情况进行制定，而且在编制时要注重文字简单明了，使用浅显易懂的文字填写；内容越具体越好，避免形式化、书面化。而现在是一个信息爆炸且经济飞速发展的时代，各个企业试图在求新求变的过程中站稳脚跟，并且最大力度地吸引人才。企业和应聘者的关系趋于平等，而人才市场在饱和的状态下，导致人才竞争变得非常激烈。如何在激烈的竞争中吸引宝贵的人才，不仅企业，招聘人员也要下足功夫，做到求新求变，以最有效的方式把招聘需求放到市场中，并且以最人性化的方式把候选人收入麾下。如何从众多的职位介绍中脱颖而出，如何在有限的空间（职位说明书）中尽可能表达出对人才的需求，并且让人才注意到你甚至选择你，是职位说明书被赋予的最新使命。

在撰写职位说明书的过程中，良好的信息收集以及部门的反馈是至关重要的。信息量的收集一定要足够全面，足够立体，足够广泛。职位本身以及职位的上级、下级甚至是其他部门的成员，都需要适度的参与进来加以讨论。毕竟术业有专攻，招聘人员往往对人才市场了如指掌，但是对用人部门所招职位的岗位职责不一定那么熟悉，信息的收集达到了足够的广度，后续的分析才可能避免失之偏颇。用人部门对自己的职能所对应的圈子更加了解，他可以给招聘人员提供一些新的角度和思路。除访谈用人部门外，如果时间和条件允许的话，我们还可以采用问卷调查法、工作日志法、实地观察法等，认真进行工作分析和调查，了解每一个职位的工作任务、工作目标、工作条件、对内对外的联系、任职资格等要素。

在收集的大量信息面前，招聘人员要主动思考，把理论和实践相结合，灌输到对行业动态的理解中来。这样做的好处是，既可以巩固在和部门沟通之后获得的行业内部知识，也能在实践学习中做到与时俱进，把行业知识与人才市场相结合，用招聘人员独有的角度给用人部门以建议和反馈。

3.1.3　招聘需求的打磨

招聘需求收集充分之后，就是细致的整理和归纳，取之精华、去之糟粕，从而形成职位说明书。

一篇完整的职位说明书，可以根据公司的不同类型、不同的岗位需求、不同的企业文化而有所区别、有所调整，但是去掉这些具有标签性的内容之后，最后呈现出的才是职位说明书的精髓。所有与职位相关的信息，可以被提炼成四个部分。

1. 公司与用人部门的介绍：首先是公司的背景、规模、所处行业等内容的介绍；其次说明一下该用人部门在公司组织架构中的位置、平行部门有哪些、负责的职能、业务线等相关内容。

2. 职位描述：即通常所说的工作内容，是说明某一职务的职务性质、责任权利关系、主体资格条件等内容的书面文件，是职位说明书的重中之重。落实到具体的，就是设置这个职位的目的是什么，工作的具体内容是什么，在工作当中需要与哪些部门合作，工作汇报的对象是谁，需要应聘者在该职位履行什么样的具体职责等。而对于这些问题的理解和揣摩以及最后的呈现是很重要的，这也是我们作为招聘人员在初期和用人部门沟通时的首要目的。只有走到职位中，站在对方的角度，我们才能更好地理解所负责的职位含义、要求，这样可以避免闭门造车，为之后的人才搜寻工作打好基础。

在撰写职位描述的过程中，应注意语言要规范化，尽量避免必要内容或信息缺失，对职责的分解要充分、完全；工作领域的划分要合理，并且要罗列出哪些部分是针对业务本身的要求，哪些部分是针对执行者的要求；对职责的设定不应局限于现状，也不应夸大其词；特别注意那些需要多个部门协同合作的工作，要划分好边界。另外，在遇到专有名词的时候，不要使用缩写。

3. 职务规范：即通常所说的职位要求。职务规范是任职者任用条件的具体说明，二者结合起来构成针对某一职务的完整、全面、详细的职务说明。对于职位要求又分为两个方面：显性要求和隐性要求。

①显性要求：从工作内容与范围出发，分析任职者需要什么样的能力和素

质，是对知识、技能、相关经验、教育背景的要求。

②隐性要求：对任职者个人软性指标的要求。比如，性格、价值观、沟通能力的要求，这些指标无法通过某一个刻度去衡量，需通过自我定义、自我认知去了解。因此，用人部门更多的时候需要通过面试和做职业心理测评来系统了解应聘者的性格特征。

4. 职位发展方向和职业规划：公司未来的业务方向是什么？在可预见的未来，业务发展对应聘者的要求将发生什么样的变化？作为企业，作为用人部门，能给应聘者提供一个什么样的工作指导，带给应聘者一个怎样的职业发展？通过岗位发展方向不仅明确企业内部不同岗位间的相互关系，而且有利于员工明确发展目标，将自己的职业生涯规划与企业发展结合在一起。雇主与雇员之间的关系其实是互惠互利的。我们不仅要让应聘者知道我们需要什么样的人才，对人才的要求，也要让应聘者知道和了解我们作为雇主可以提供怎样的平台，可以提供怎样的发展。有了这种平等的关系作为前提，之后的沟通也会自然变得顺畅。

3.1.4 招聘需求的确定

职位说明书在编写完成之后，招聘人员和用人部门之间对其也要有一定的质询和讨论。对于什么样的人才适合这个职位，我们作为招聘人员不仅要心里有数，也要善于倾听用人部门的意见和要求。

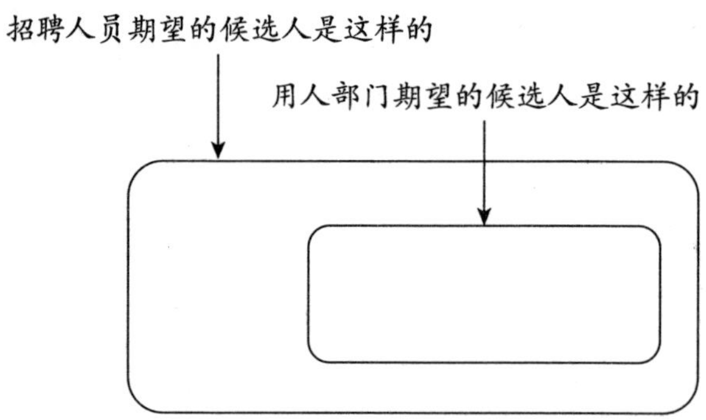

图 3–1 招聘人员与用人部门对候选人的期望

上面的这张图片很好地反映了现实中的一个情况：招聘部门挖空心思找到

了候选人，可是用人部门总是不满意。很多时候，不是候选人不够优秀，抑或招聘人员没有很好理解所招职位的特性，而是对于现阶段的这个职位所需要的人才，用人部门根据所处行业的经验有自己的偏好，有自己的设定。而这些细节的确定，要求招聘人员在生成职位说明书之后和部门再去讨论和确定。

比如，我们需要找一个具有关键技能的人才来胜任这个职位，而具备这个技能的人才市场上寥寥无几，但是作为用人部门，他们本身就处在这个行业的核心，他们有自己的圈子，并对其动态了如指掌，嗅觉灵敏，他们反而知道哪些竞争企业同样需要这样技能的人才，这些人才会分布在哪里。因此，认真听取用人部门给出的意见，我们便可以细化搜索范围，迅速瞄准对应行业、对应渠道，甚至去接触特定公司的候选人，这样做起来是事半功倍的。

另外，招聘人员除了要考虑职位本身的职责要求以外，还要考虑空缺职位所属团队的风格、特点，这些也需要平时一点一滴的积累以及适当的沟通才可以获得的。我们在分析一个团队适合什么样的候选人时，要从一致性和互补性两方面出发。如果用人部门是一个处于发展初期的团队，那么团队中成员的构成会比较一致，用人部门的领导也会更倾向选择和自己是同一类型的人加入进来。但是随着规模不断扩大，如果是一个成熟的用人部门，那么就要考虑互补性这一原则。在团队成员特点比较接近的时候，寻找一个与团队整体特征存在一定差异的成员有可能起到互补的作用。从一方面来讲，这能让团队的表现更加多元化；从另一方面来讲，这可以让团队形成制约，这里的制约不是指权力或者行为上的制约，而是思考问题的方法与思路的相互制约，使团队成员能够更加冷静，从不同角度去思考问题。

因此，作为公司的招聘人员，我们不仅要结合人才市场给出专业意见，还要倾听用人部门的期望和要求，能够把握好这两者之间的平衡是招聘分析的艺术性得到充分体现的标志。

3.2　招聘需求中岗位描述的必要条件

首先我们要了解什么是必要条件，即如果没有 A，则必然没有 B；如果有

A而未必有B，则A就是B的必要条件。举个形象的例子：如果A=“地面潮湿”，B=“下雨了”，那么地面潮湿不一定代表下雨了，但是如果下雨了，地面一定是潮湿的。应用到招聘需求分析中就是，当我们设定招聘需求中岗位描述的必要条件为A，优秀的岗位描述为B时，那么很容易推理出，优秀的岗位描述一定要具有某些必要条件A，而且是不可或缺的。那么，这些不可或缺的能使招聘需求更加立体化的必要条件是什么呢？

我们作为招聘人员，更多的是从公司的角度出发去考虑一个职位说明书的制定，以公司需要引进人才的角度去把控各种流程。但这样做往往会降低职位说明书的友好性和功能性，看上去会比较死板和程序化。当候选人看到这样的招聘说明书时，感觉会像看一纸昭告天下的奏折一样，从一开始就把雇主和雇员的关系定义为冷冰冰的上下级关系，让人没有归属感。至于功能性，除了描述职务应完成的工作、任务和责任，说明工作活动本身的特性和进行工作的环境特性等，聪明的企业往往会把它当成一个免费的广告宣传平台，一个推广企业形象和品牌的窗口，他们会把企业的文化、企业的市场定位以及团队风格一同融入职位说明书中，让候选人在接收到职位信息时切身体会到一个公司的文化与氛围，候选人可能会产生“这是我未来可能会加入的企业”“这就是我所期望的公司风格”“我愿意与这样的团队共事”等积极的想法，平衡融洽的雇主和雇员关系可能在一开始时就悄无声息地建立起来，从此慢慢生根发芽，为未来可能的合作打下良好的基础。因此，一个小小的职位说明书是绝对不能小觑的，如何介绍雇主本身，如何介绍热招的职位，如何通过精准的措辞来找到最终的那个“TA”，以及“TA”如何得到雇主的培养并与雇主一同进步，都是值得在编写的过程中反复推敲的。

3.2.1 明确的公司特质

我们首先在这里要引入雇主品牌。

产品品牌和雇主品牌是企业品牌的组成部分，完整的企业品牌应该是这两者的统一。产品品牌是企业在消费市场上的定位，它的接收者是消费者。而雇主品牌关注的是品牌概念在人力资源领域的应用和延伸，信息接受者则是人才市场中的应聘人员以及企业员工。赢得人才与赢得客户一样重要。如何吸引到优秀人才，使企业现有人力资源发挥更大效用，从而支持企业战略目标实现是一个值得研讨的问题。雇主品牌除去华丽的外衣，其实可以缩略为公司特质，拥有明确的公司特质可以不断地向潜在的人才市场传递相似的、能使其产生共鸣的信息，这种信息能够像产品品牌传递给消费者的信息一样，在应聘人员搜寻工作的时候立刻想到某个雇主，并会激发出强烈的加入愿望。所以，企业吸引人才的关键在于具有明确的公司特质。

◆“放长线钓大鱼”

现在的人们极度追求个性化，追求自我认同感。而作为一个企业，要想脱颖而出，除了有良好的产品质量、产品信誉外，也需要具有一个鲜明的公司特质。雇主品牌是能够增强企业品牌的无形资产，雇主品牌作为企业品牌的一部分，很多求职者往往也是雇主产品的消费者，雇主品牌效应在人力资源市场乃至产品市场上都是一个宝贵的无形资产。因此，越来越多的企业把建设和维护雇主品牌、打造明确的公司特质作为一个新的基准和目标，并且把其当作一个长线型的稳健投资。

◆“有用的吸铁石”

公司在选择应聘者的时候，即使应聘者已经达到企业要求胜任的条件，但是对于双方而言，这种选择依然存在着双方适配的风险。雇主与候选人之间到底“来不来电”，是否能够彼此适应，在招聘初期都是不可控的。但通过雇主品牌的宣传，加强公司特质的推广，向潜在的应聘者传递企业价值观、企业文化、雇佣关系等全方位的信息，能够吸引更为认同企业的人才，屏蔽一些价值观念不一致的人才，减少双方适配的风险，像吸铁石一样把有磁场的人很好地吸引在一起。

因此，落实到具体的职位说明书编写层面上，当公司试图在当中引入和介绍公司特质时可以使死板的职位说明书大放异彩。我们要相信任何一个公司，即使再小，也有它的美好之处。任何的“美好”，不管大小，都彰显着公司的做事理念和情怀。把“美好”放大，但不夸大其词，一定会收获更多。

3.2.2 独到的岗位特性

如何把招人的职位描述清楚，让候选人在有限的篇幅内最大化了解该岗位的特征，从而判断出是否和自己目前的求职意愿相一致，是职位说明书的核心内容。而作为招聘人员，在撰写岗位特性时，也要先厘清思路，考虑和职位有关的各个因素：

◆ 了解岗位类型

如果是新增岗位，我们需要了解该岗位的增设原因：是商业扩张，还是新产品线的加入，抑或原本的业务需求上升？这种新增设的职位是长期的还是短期的？这有助于我们考虑是否在引入职位介绍时，强调该岗位增设的前提和背景条件，从而吸引候选人的关注，毕竟新业务线的增设或者商业扩张的介绍会使应聘者感觉到公司扩张的节奏，他们更愿意选择在行业中持续发展的公司作为雇主。

如果是替补岗位，我们要了解该岗位前任雇员的离职原因：自愿离职还是公司裁员？自愿离职的原因是什么？是晋升空间有限还是工作生活平衡性指数太低？这有助于我们在描述岗位时强调其特性——工作强度相对比较大的岗位适合追求工作挑战以及抗压能力强的员工，而某些强度较小、晋升空间有限的职位往往更加吸引那些踏实、按部就班、追求工作生活平稳的员工。

◆ 组织结构与汇报关系

介绍该用人部门的人员构成以及与该部门有业务往来的上下游部门、平行部门。

对于职位本身，要阐明这个职位的候选人未来是汇报给本地的管理者还是海外的管理者；抑或业务，人事分开汇报给不同的管理者。对许多跨国企业来说，业务线上的经理不一定和你在同一个区域，这会导致额外的加班以及跨时差工作，候选人也会根据此项内容来辨别自己是否能接受这类工作。

◆ 工作职责

概念：工作职责包括职能和具体职责两个部分。职能是根据业务流程或工作性质、内容对各项职责的统一概括；具体职责是对某项职能执行过程的描述。

职责的罗列：为体现条理性，可以按照并列型、流程型或者网络型来罗列各项职责。

A. 并列型：职责间相互并列，不存在顺承关系。

B. 流程型：上一职责的工作成果构成下一职责完成的工作输入。

C. 网络型：存在主要职责、其他职责彼此并列，其结果成为该主要职责的工作输入。

编写规范：职责描述一般的编写原则是“工作依据 + 动词 + 内容（具体对象）+ 目标（成果）”的形式，并且做到不重复、无交叉，基于事实，职责描述也不要冗长，一般控制在八项以内。避免采用模糊性的量词，如“许多”“一些”等。

常用动词包括以下几类。

（1）对计划、制度、方案等：

编制、制订、拟定、起草、审核、审查

（2）针对信息、资料等：

调查、研究、收集、整理、分析、归纳、总结

（3）直接行动：

组织、指导、执行、安排、协调、监督

（4）思考行为：

研究、分析、评估、建议、预测

（5）所有人行为：

许可、批准、确定、确立、规划

◆ 工作决策与权限

这是指根据该职位的工作目标与职责，任职者能够做出的决策范围，能够提出建议的领域以及控制力度。工作权限关系到每个人所能行使的各项权利，也限定了每个人的工作必须承担的义务，这不仅仅能体现该职位的工作重点、设立价值，而且能够对涉及部门在日常工作中起到约束和推动作用。通常不同公司相同的职位名称对应的工作内容也不尽相同，工作决策和权限的说明能够进一步让应聘者了解到该职位具体的层级属性。

◆ 关键绩效指标（KPI）衡量评判标准（可选）

不同部门对 KPI 有不同的量化标准，但如果在职位说明书中描述，则一定要阐述清楚其定义以及权重比例，完成绩效主要以个人形式还是团队合作的形式等。职位说明书中的 KPI 只作为基础信息，而实际的绩效指标则来源

于当年的组织及部门绩效指标的分解，其具有变动性。

3.2.3 必要的职业技能

公司需要什么样的人才就任其职位，需要通过任职资格来明确。准确描述一个职位对所需人才持有的能力要求，是十分必要的。精准的描述可以在一定程度上减少 HR 初期筛选人才的时间成本。

任职资格的三个方面：

◆ 基础部分

➢ 学历要求：从事该职位所需的最低学历。例如，全日制大学本科及以上学历。

➢ 专业要求：该职位对任职者的专业要求。例如，财务或金融专业。

➢ 工作经验：一般工作经验，即不同企业、不同岗位所有工作年限的总和；行业工作经验，即在本行业所有工作年限的总和；岗位工作经验，即与该招聘岗位相同或类似的工作经验。一般情况下：一般工作经验≥行业工作经验≥岗位工作经验。

➢ 证书及资质：从事该职位时必要的证书或者任职资格，有些需要技能认定的职位要求应聘者持有培训证书才可以上岗。例如，会计从业资格证书、英语专业八级、电气工程师职业资格证书。

◆ 职业技能（Hard Skill）

任职者能够胜任该职位所必须掌握的专业知识和专项技能。专业知识包括财务知识、市场营销知识、软件知识、网络管理知识等；专项技能包括项目策划与管理技能、计算机操作技能、英语口译技能、绘图软件操作技能等。

在描述与工作相关的技能需求时，一定要按照所需技能的强度依次列举，使用“精通”“掌握”“了解”“熟悉”等词语来表达对该技能的需求，并且在描述时有必要列举出具体名称或者工具等。例如，精通操作系统包括但不限于 Linux、Unix，掌握 C、C++ 语言等。

除了岗位要求的基本技能以外，用人部门还可以给出理想技能，即如果候选人持有该技能，会优先考虑，类似加分项的作用。通常这部分需求是扩充该职位所需技能，有助于更加完善的组织工作，完成任务。那些持有特定技能的候选人资质相对更加优秀，更具有升职的潜力。

◆ 软性技能（Soft Skill）

该部分是对应聘者除职业技能以外综合素质能力的要求。软性技能包括但不限于沟通能力、抗压能力、创造力、客户导向能力、快速学习能力等。选人是要德才兼备，以德为先还是以才为先？是强调个性突出还是强调团队合作精神？是开拓型还是稳健型人才？是单纯的内向技术宅还是善于沟通表达的演说家？当学历背景一样的条件下，如果候选人自身有独特的价值或者闪光点与公司的价值取向相吻合，那岂不是更好？

一个人除了具有很强的专业技能以外，自我修养、价值观等也会对工作有潜移默化的影响。在阐述软性技能时，公司还可以依据本身的文化特性、团队风格以及价值观去描述所期望的候选人具备的素质。这样可以吸引“志同道合”的应聘者，以免经过层层筛选的优秀人才在使用一段时间后发现原来“水土不服”，造成企业财力和精力的极大浪费。

3.2.4 成功的胜任模型

◆ 作为人才管理通用语言的胜任力模型

胜任力（Competency）作为心理学和管理学领域一个相对“年轻”的概念，自 1973 年由美国社会心理学家戴维·麦克利兰正式提出以来，已经在中外人力资源管理实践中得到日益广泛的认可和应用。就基本含义而言，胜任力是指一系列可以明确界定的知识、技能和行为特征，个体对于它们的掌握、运用和表现等可以被显著地观察和可靠地衡量，进而可以用来确定能力基准、评估和区分绩效、进行培训开发等。胜任力模型（Competency Model）则是有特定关联的一系列胜任力的组合，实践中最常见的应用为组织内与各个具体职位所对应的职位胜任力模型。

商业和组织竞争归根结底是人才的竞争，这日益成为企业的共识。人才是特定语境下的概念，并不能靠一些外在的硬指标来简单判断，一定程度上人才亦因企业而异，合适的才是最好的。为达成招聘目标，除广开门路吸引求职者外，如何建立标准和利用工具，对海量的候选人进行科学有效的评估，从而筛选出适合的人选，是人力资源招聘工作的重点和难点。就建立招聘评估标准而言，胜任力，或者说职位胜任力模型的地位和作用可谓首屈一指，因为只有确立了标准，明确了要招什么样的人，才能进行后续评估工具的选择，具体评估活动的实施基于评估结果的人员录用等。不仅如此，随着人力资源管理的不断演进，胜任力模型的价值已不仅仅体现在招聘环节，而是成为人才管理（Talent Management）的通用语言和“基础设施”，联结和支撑着从人力资源规划到招聘配置、学习和发展、继任管理、领导力开发、绩效和薪酬管理等各大模块，使之成为一个有机的整体。

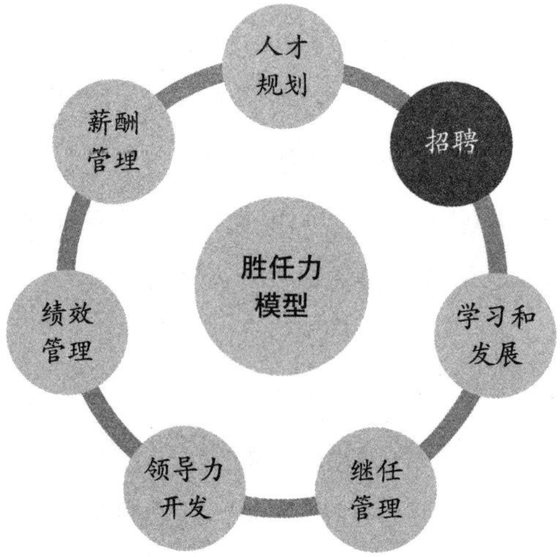

图 3-2　作为人才管理的通用语言和“基础设施”的胜任力模型

◆ 成功的胜任力模型

根据企业实际情况，定义各种胜任力，并以之为基础构建具体职位的胜任力模型，进而在企业层面形成结构化的胜任力模型体系，并进行持续的管理和维护，是一个自上而下和自下而上双向推进的渐进过程。正如基于具体职位的人员招聘是招聘部门的日常工作一样，作为与之直接对应的胜任力模型，亦是胜任力管理的基本单位，由此而言，构建一个科学和成功的胜任力模型对企业而言意义重大。从实践的角度，可从以下三点来考虑：

1. 内容构成要完整

胜任力模型的构建从无到有，绝非无源之水、无本之木，而是经由企业内部自上而下逐层定义和明确的。如下图所示，基于确定的战略，组织开始招募人员组建团队，形成自己特定的组织架构。组织架构中不同层面的关注点和重心有所不同，与此相对应的胜任力同样如此。

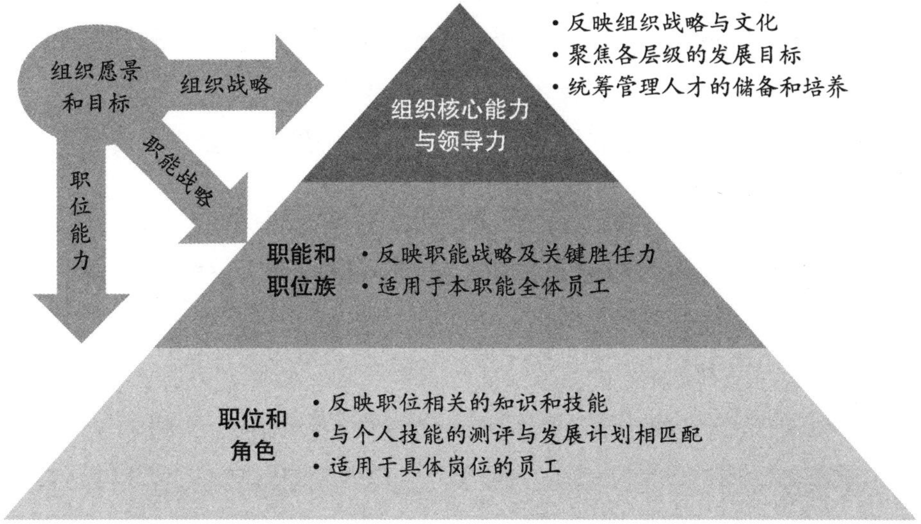

图 3–3 胜任力模型的三大层面

在组织层面，需要基于战略确立贯穿组织上下的核心能力和组织文化。比如，创新、诚信、成就客户和员工等，这些理念需要层层落实并转化为企业通用的胜任力标准，最后具体分解到每一个职位上。

在职能层面，需要结合组织的整体战略，具体制定和实施本职能的战略，同时所有的活动必然是以本职能领域内公认的最佳实践为基础。例如，在贯彻创新这一战略时，研发、生产和营销等部门都会有各自不同但在本职能内部又相对统一的要求和标准。

最后具体到单个的职位上，一方面是要承接经由组织和所属职能部门所确定的一系列通用和共享的胜任力，另一方面则是要明确本职位所必需和特有的各种知识、技能和能力的组合。例如，沟通能力应该是组织全员都需要具备的胜任力，而简历的搜寻和筛选则属于招聘专员这一具体角色的专业胜任力了。

综上所述，一个完整的胜任力模型应该包括两大部分的内容：通用胜任力和专业胜任力。前者主要是指依托于与企业核心能力和文化等战略因素而提炼出来的适用于企业内部全体成员的胜任力，如创新能力；同时包括各种软性技能，如沟通能力、学习能力等。后者则是基于具体的职位，为达成特定角色的高绩效表现所必需的专业方面的胜任力，如薪酬规划之于薪酬专员，员工帮助计划（Employee Assistance Program，EAP）之于员工关系专员等。更进一步，在基本的胜任力组合之外，还要根据职位实际需要对模型内各个胜任力的等级进行确认，如同样是沟通能力，通常而言对于销售人员的要求会比研发人员更高。

2. 应用数据要配套

胜任力模型价值的体现要依赖于人才管理的具体实践，要想顺利实施而不被束之高阁，关键在于要有一系列看得见、用得着的配套应用数据。

表 3-1 胜任力模型的配套应用数据

场景	角色	所需应用数据
人才规划 / 盘点	HR，管理者	员工职位和胜任力基本信息
招聘	HR，用人部门管理者	测评工具、面试指南、面试问题等
学习和发展	HR，管理者，员工	发展目标、学习资源等
职业生涯和继任管理	HR，管理者，员工	职业路径、发展目标等
绩效管理	HR，管理者，员工	行为和胜任力表现、辅导建议等
薪酬管理	HR，管理者	员工职位和胜任力基本信息、付薪因子等

如上表所示，胜任力模型本身确立了沟通的基础和标准，然而真正发挥作用的是与之相应的应用数据。以招聘为例，通过胜任力模型，招聘团队和用人部门可以就候选人需要具备什么样的能力和特质达成统一，要根据不同的胜任力，选择有效的测评工具和方法，为人员的筛选做准备。同时，用人部门对于招聘的介入和参与通常会提高效率和满意度，但需要其参与者掌握足够的面试和评估技巧，因而诸如面试指南等文档的准备和相应的培训是不可或缺的。

总之，胜任力模型的构建完成，只是胜任力管理的一个起点而远非终点。要想真正发挥其联结和支撑人才管理实践的作用，需要及时组织和完善相应的配套应用数据。胜任力模型相当于树干，而应用数据则是树枝和树叶，树干是基础，然后只有茂盛的树叶，才能保证和体现树的生命力。

3. 动态更新不能少

除了要围绕模型去开发应用数据以外，胜任力模型本身的构建和管理也绝非一劳永逸。胜任力模型的管理是一个动态的过程，适时的更新应该是一种常态，因为随着时间的推移，企业内部和外部的各种因素都在不断地变化和发展。

内部因素：胜任力模型最初的构建是一个以企业战略为基础、自上而下的过程，那么当企业内部战略发生变化的时候，胜任力自然而然地需要相应的进行调整。另外，在职能和运营层面，企业对于具体职位要求的改变，同样会引发对应的胜任力模型的调整。例如，当“聚焦和成就客户”被企业作为新的战略所强调时，那么所有的胜任力模型自然要加入这一要素。另外，如果人力资源合作伙伴（HRBP）被要求更多地从数据的视角去分析和考虑问题，那么相应的数据分析相关的胜任力也就需要被及时更新到模型中，或者是对于已经存在的胜任力的要求层级的提升。

外部因素：虽然企业在日常管理中可以专注于自身的发展，但是却无法忽略外部因素的变化，包括行业、技术和人才发展的趋势等。以近年来盛行的大数据（Big Data）和数字化（Digital）为例，其对市场营销（Marketing）从理念和工具上都产生了全方位的影响，毫无疑问，这些影响也需要及时传递到该领域的职位及其胜任力要求上。而在招聘领域，可以观察到越来越多的市场营销理念的渗透和运用，如 IBM 甚至打出了“Recruitment is marketing（招聘即营销）”的口号。可以想象，招聘团队的专业人士比以往更需要了解和掌握市场营销领域的技能，随之而来的还包括胜任力模型的更新。

◆ 胜任力模型应用的前景和建议

胜任力模型由于相对“年轻”，在实践中难免会遇到各种障碍和挫折，如建模困难、投入巨大、难以落地、实效不明显等。然而追本溯源，其实很多并非胜任力模型自身的原因，而是操作层面的问题。因此，在这里给准备或者正在尝试引入胜任力模型管理的企业和专业人士提供几点建议：

1. 自建还是外购

一般而言，引入胜任力模型的首要障碍在于其建模的复杂性。无论是企业打算完全依靠内部资源或是借助于外部咨询公司，这都是一个旷日持久的过程，而且仅仅是万里长征的第一步。而如果能从外部直接购买现成的模型，在花费少量时间完成与企业职位的适应性匹配之后，专注于具体的应用，必将极大地提高胜任力模型项目的效率和满意度。当然，考虑到其复杂性，市场上大量的胜任力模型产品大都只涵盖了软性技能的部分，而较少能覆盖具体职位的专业胜任力。在上文“成功的胜任力模型”部分，已概括了需要关注的三个要素，在此不再复述。

2. 循序渐进很重要

俗话说，“一口吃不成胖子”，在胜任力模型的应用上同样如此。企业内部的职位千差万别，要想在短时间内全面铺开、一次推进，难度很大。但如果能从务实的角度，先选择一些职能部门或是代表性职位进行先导性实践，待积累一定的经验之后再逐步推广，应该是一个明智的选择。

3. 要有系统的视角和工具

胜任力模型本身无法在孤立的条件下发挥作用，需要在实际应用中体现其价值，应用越深入越广泛，其价值越明显。因而在引入胜任力模型的时候，首先就需要一个系统和整体的思维，需要全员通力协作，而不是各自为政；其次还要考虑其与企业现有人力资源管理系统（HRMS）的整合和兼容。胜任力模型的引入会产生大量的数据，如果没有有效的管理工具并使之很好地和现有系统进行整合，会极大地影响人才管理的整体成效。

【经典案例 3】

明晰需求和标准，让招聘真正随组织和人才战略而动

【案例说明】

具有超过 35 年历史的某全球性民间公益组织，有 600 多名员工在超过 20 个国家同时开展各种卫生和健康促进项目。近年来，随着行业、技术和理念的变化，公益项目的运作越来越向商业化项目靠拢。该组织决定逐步改变以往由捐赠人主导的员工雇佣和项目管理模式，更加注重平衡捐赠人意愿、组

织自身发展及合作伙伴利益等各方面的关系，同时积极借鉴商业运作中的各种最佳实践。

【挑战和需求】

为改变之前各个国家的项目和代表处各自为政的局面，该组织决定自上而下重塑和规范招聘流程，面临的首要问题就是需求不明，缺少标准。

首先，在单一项目驱动的招聘模式下，不同的项目团队有各自不同的职位和流程；其次，在项目运作的基础上加入组织发展战略的整体考量之后，对于员工的工作职责和能力要求相应的发生了变化；最后，负责招聘的人力资源伙伴和项目运营团队也需要在新的框架下达成一致，尽快进入各自角色。为此，组织迫切需要一个成型的能快速应用的职位和能力框架作为招聘活动的基础。

【解决方案】

该组织经过多方比较，决定引入 IBM 的 Talent Framework 胜任力模型解决方案。IBM 基于超过 25 年的研究和开发，积累了近 20 个主流行业和通用职能的上千个职位和胜任力模型信息，从深度和广度上都可以满足该组织在医疗和健康行业以及商业运作相关职能方面的需求。基于 IBM 标准的胜任力模型，结合该组织在战略、职能和职位层面的具体需求，双方团队通力合作，快速完成了职位的梳理和优化、模型的匹配和调整、相关人员的培训，为招聘活动及其他人才管理项目确立了明确和统一的标准。

【成效和收益】

通过胜任力模型的引入和应用，该组织第一次在全球范围内有了统一的职位和能力要求规范，大大压缩了职位的数量，提升了管理和沟通的效率。

基于客观、成熟的模型，招聘活动的展开有了明确的标准，效率大大提升。同时，项目团队负责人可以通过模型附带的面试问题等附加应用信息提升评估和面试技巧，保证招聘的质量。总体而言，招聘周期（time-to-fill rates）下降了 30%。

3.2.5　积极的发展方向

我们作为雇主，不仅仅是为了寻找一个可以胜任该职位的候选人。在前文中提到，现如今雇主与雇员之间不再是简单的雇佣关系，候选人可以为公司创造价值；公司也可以为候选人提供平台，提供可持续的职业发展机会。

如今的候选人在阐述跳槽的动机和目标时，更高的薪水已经不是导致其跳槽的主要因素。更好的职业发展、更大的平台、更广的人脉往往成为应聘者不断追求的目标。他们不再拘泥于眼前的利益，而是把目光放到长远发展的角度上。因此，企业如何提供给候选人一个理想的平台、一条明确的发展路径以及一个可预测的上升空间是现代企业在人才搜寻过程中一个新的关注点。

在撰写职位说明书的时候，我们不妨把对该职位的可持续发展特性作为一部分，使应聘者在搜寻职位时能更加立体地了解该职位的特点以及发展前景。

提到职业发展，很多人往往想到的就是晋升。其实，职业发展不仅仅是晋升，所有旨在提高员工职业发展能力、提高员工可雇性的措施都可以称为职业发展。除了最基本的晋升，我们还可以根据公司的需要从不同层面来介绍提供给员工的职业发展福利。

◆ 量身定制的培训

完善的职业培训体系，包括基本素质及能力培训、提升工作技能的培训与职业生涯规划相关的培训，帮助员工正确选择职业发展路径，完成由低层次向高层次的转变，达到企业发展与员工成长同步进行的目的。

◆ 相同部门轮岗

同部门轮岗可以使员工全面系统地了解本专业的知识，扩大技能结构。从不同维度和执行层面细化地了解一个领域，是培训该行业领域专家的必然途径。

◆ 跨部门轮岗

可以丰富员工的专业知识、了解整个系统的运作、减少本位主义思想。当多个部门专业壁垒不是十分明显时，可以采取定期岗位轮换的做法，其有利于培养复合型人才，优化公司的人力资源配置，为员工个人的职业发展开辟更广阔的空间。

◆ 外派学习

针对跨国企业，能够得到海外学习和工作的机会是那些选择其作为雇主的应聘者所看重的条件。海外派遣的经历可以提高员工的适应能力，使员工眼界更高、更爱思考，建立更广的人际关系，也会从侧面加强员工对雇主的忠诚度。同时，企业提供外派工作对辅助员工走上高管岗位同样重要。

◆ 下行流动发展

到下一级或多级的分支机构去工作，如带领销售团队、管理大区市场，或是到某个分区市场开辟新业务。这有助于培养员工的团队意识、领导能力以及快速学习的能力。

切记，把适合的人才引进到合适的职位，不是一蹴而就的。作为招聘人员，我们应该把自己看作用人部门的合作伙伴，是一个可以给出精准定位的人才搜索专家。上升到公司层面，我们是公司战略发展的一个间接推动者。而做到这一步，需要我们不断地完善自己，通过平日知识的储备、与用人部门持续有效的沟通以及需求到来前大量的准备工作做好招聘，特别是做好第一道关口，即招聘需求分析。

【经典案例 4】

一篇“上道儿”的职位说明书是怎样炼成的

【案例说明】

某世界500强IT外企，现财务部准备人员扩充，急招一批财务分析师。作为全公司经济运作的掌控者，财务部提供从融资、投资、生产、销售等方面一条龙的全程决策，诚心、严谨、专业、高效的工作态度深受大家的尊重。Julia是该公司招聘团队负责职能部门招聘的专家，其希望通过有效的沟通来充分了解部门的需求，做好应对，为之后的各个环节打下好的基础。

【挑战和需求】

作为公司的核心职能部门，当前业务量增加，需要尽快引进人才，因此要快速找到合适的候选人入职。作为一个专业度要求极高的岗位，对教育背景、所学专业、相关的工作经验都有非常高的要求。同时，作为跨国公司（欧美企业），有很多高管都是从总部调派过来的以英语为母语的人士。日常工作沟通和汇报都以英语为主，因此英语口语要流利，做到无障碍沟通。

Julia 作为这个急招项目的负责人，需要在短时间内快速响应，并且做到保质保量的人才输入，时间紧、任务重，明晰招聘需求便成为至关重要的第一步。

【解决方案】

Julia 在拿到招聘需求后，立刻和该职位用人经理 Lin 举行会议进行讨论。Lin 是一个在该公司财务部工作十年有余的资深经理人，其业务水平卓越，在财务领域方面有相当成熟的经验。同时作为管理者，其下属团队一直较稳定，保持较低的离职率。

在会议开始前，Julia 仔细阅读了该批职位在公司“职能字典”中分别对应的职位属性以及工作内容和职责，同时详细列出了一些需要和 Lin 再次确认的关于该职位的具体问题，以便之后撰写出明确的招聘需求，包括：职位在实际工作中的具体职责划分，该职位的业务汇报关系以及下属人员情况，该职位需要合作的部门以及外部机构，该部门的现有人数以及各个区域平行组织的人员配比等。

对于候选人方面，Julia 希望 Lin 给出关于目标候选人的几个建议，从而减少个人对目标群体理解偏差，做到高效推荐。经过沟通，Julia 了解到此次的岗位扩招需要到岗人员立刻就位并迅速投入大量的业务工作当中，因此和外企工作模式匹配度较高的四大会计师事务所以及同规模同行业的外企工作者是目标群体。同时，由于薪资和级别的设定，具备 2—4 年工作经验的年轻群体较为合适，一是他们初入职场不久未定型，更适合经验积累和未来精英培养；二是年轻的候选人精力比较充沛、抗压能力强，更愿意承担具有挑战性的工作。

招聘需求落实方面，Julia 建议多渠道（官网、内部推荐、三大招聘平台）同时推广该职位，并且有效利用微信这一社交渠道推广该项目的专刊，从而集中发力，争取在最短的时间内吸引候选人投递简历。由于目标是有相关工作经验的年轻从业者，Julia 希望在职位需求中体现出职业规划和发展的内容，强调公司用人的同时培养人才的重要性，从而吸引想成为财务领域精英的候选人，引起他们的共鸣。

【成效和收益】

经过 Julia 与用人部门之间的沟通，从职位需求的解读、反馈、打磨、确定到最后职位说明书的输出，以及邀请招聘渠道和品牌小组来设计宣传，在多渠道的同步推广和影响下，在推广一个星期之内就收到了大概 30 封匹配度较高的简历，从而为招聘初期的简历收集打下良好的基础。

以下是该职位说明书在微信公众号中发布职位特刊的文本内容，部分信息及官方配图已省略。

招聘 | 我们招的不只是 Financial Analyst，我们招的是未来的"CFO"

你是否想成为 Chief Future Officer？在当今快速社交动态的大环境下，要成为一个成功的财务职业经理人需要具备洞察力、诚信和敏捷力。如果你正在寻找一个能助你成为职业财务经理人、Chief Future Officer 的职业机会，加入 ××× 吧，××× 可以给你一个成功职业旅程的平台。

××× CFO 组织能够提供广阔的职业平台和发展机会。你将作为驱动企业价值团队且业务部门信任的顾问，在驱动企业决策和提高公司业绩中扮演必不可少的角色。在 ××× 职业旅程中，我们为你量身推荐适合的财务部门，包括但不限于财务分析、会计、定价、控制、内审、信用分析、税务等。作为业务部门强大的合作伙伴，你可以提高判断力，展示领导力、创造力，并在诚信方面树立基调，从而帮助企业进行决策。

职位的基本信息

- 工作地点：北京
- 所属部门：财务部
- 工作编号：Financial Analyst
- 工作类型：全职
- 合同类型：正式编制
- 直属上级：财务经理（一线）

青年才俊的工作内容

- 公司销售部门的财务分析与预测
- 年度、季度财务预算和报告的编制
- 预算跟踪，分析差异原因，并提出可行性建议
- 服务合同总利润率分析以及财务支持
- 资产负债表、自由现金流量的分析和预测
- 参与公司经营分析体系建设，完善财务分析体系
- 建立公司财务管理政策和制度模型

只要具备以下条件，你就是我们要培养的 CFO

- 2—3 年相关财务经验，有四大会计师事务所或者外资经验者
- 精通财务管理的各环节，熟悉各种组织形式下企业财务管理工作
- 熟练使用办公软件及财务软件
- 硕士及以上学历，金融、会计、经济类相关专业
- 熟练的英文听说读写能力，大学英语六级及以上（参考等级）

职业发展规划

我们有为你量身定制的入职导师，丰富的职业培训课程，灵活的岗位调换机制，丰富的海外派遣任务，一切都是为了你，从财务分析师到财务经理再到未来的 CFO，只要努力，一切皆有可能！

面试流程

×××CFO 邀请来自不同财务团队的资深财务经理组成面试委员会，两轮面试后推荐最合适的岗位给候选人。

请相信自己，你就是我们要找的 CFO！如此优秀的条件与千载难逢的机会，快加入我们吧！

第四章

善用招聘渠道

4.1 招聘渠道选择的原则

企业应如何选择有效的招聘渠道？一般来讲，好的招聘渠道应该具备以下几个特征：

1. 招聘渠道的目的性。对于不同的招聘渠道，可以按照优先级和可行性同时采纳，但针对不同类型的员工，招聘渠道的侧重点也要有所不同。

2. 招聘渠道的经济性。在确保能招聘到合适人才，并在企业能承受的招聘预算内，优先选择成本最低、性价比最高的渠道。

3. 招聘渠道的实效性。企业招聘渠道必须能确保企业快速满足招聘需求，特别是满足关键岗位急需人才的招聘时限需求。

总的来说，招聘渠道的选择原则就是在规定的时限内满足招聘需求，招到合适候选人的同时，保证性价比最高。为了实现这个评价指标，人力资源的招聘部门需要定期做好数据分析和评价工作。

4.2 五花八门的招聘渠道

获得人才资源的渠道林林总总、五花八门，但总体来看无外乎就是内部和外部两条途径。

4.2.1 从企业内部获取人才

从企业内部获取是指通过企业内部获取企业所需的各种人才。企业本身是一个“蓄水池”。候选人在寻求新的工作机会时，企业是否能提供一个很好的职业发展平台是候选人决定是否加入这个企业的主要考虑因素之一。而企业有了招聘需求，从内部获取的方式正是员工在本企业施展才干，提升市场价值的机会，企业的骨干有转岗、晋升的机会，更有利于企业留住人才，降低员工流失率。

从企业内部获取人才通常有五种方式：企业招聘网站上招聘职位的发布；企业内部的人力资源信息管理系统；主管或相关人士推荐；职业生涯开发与管理系统；竞聘上岗。

方式一：企业招聘网站上招聘职位的发布。

内部员工可以随时登录企业招聘网站来查询正在招聘的职位，从而寻找和发现是否有自己职业发展计划中感兴趣的匹配职位。企业提供给员工转岗的机会，同时人力资源部门和业务部门的经理也要和员工沟通清楚。转岗以寻求更好的职业发展是被充分理解和鼓励的，但前提是需要把现在的本职工作做好，并且一般需在一个工作岗位干一年到两年再考虑转岗。

方式二：企业内部的人力资源信息管理系统。

一个完整的企业内部的人力资源信息管理系统必须对企业内部员工的以下三类信息进行完整的收集、整理、存档。个人资料（年龄、性别、专业、主要经历等）；个人特征资料（业务擅长的领域、兴趣、爱好、在其他企业里担任过的职务等）；在本企业的表现（在本企业从事的工作类型、时间和担任的职务、工作表现等）。

当企业的工作岗位出现空缺，可以根据该岗位对专业、能力、工作经验等多方面的要求，在企业人力资源信息管理系统里搜寻，找到匹配的内部人选。

方式三：主管或相关人士推荐。

当一个企业的工作岗位出现空缺时，主管或相关人士一般会对适合这个岗位的人选心里有数。此时，主管或相关人士会向人力资源部门推荐人选。这个人选的推荐有可能出自一线经理的小部门，也可能出自更高主管（二线或三线经理）的大部门，或者是来自企业内的跨部门。即使有主管和相关人士的推荐，对于这个内部的候选人，也要从企业内部人力资源管理系统查询其以往的工作表现，以参考评判内部候选人是否匹配这个空缺岗位。

方式四：职业生涯开发与管理系统。

企业根据员工的具体情况，特别为具有高潜能的员工建立职业生涯的开发与管理系统。为这些员工建档，要求这些员工的经理对其做出评价，评估出他们的潜能及未来可达到的岗位的最高级别，并定期更新。在职业生涯发展的道路上，给这些员工优先提供培训、轮岗等。当企业有工作岗位出现空缺时，特别是高端职位的空缺，首先在这个高潜能的精英群中搜寻合适的人选。这样有的放矢地建立、保有、更新职业生涯开发与管理系统，有利于留住企业的高绩效人才，让有潜力的人才服务于本企业，提高这些人才的满意度和忠诚度。

方式五：竞聘上岗。

竞聘上岗在国外也称工作张榜，即将空缺的工作岗位信息（包括岗位职责、资格要求等信息）详细统考企业全体员工，同时建立报名程序、评审程序和方法，用较客观、公平的方法选聘最合适的人。

4.2.2 从企业外部获取人才

外部获取始终是补充企业所需人才的主要渠道。传统的外部获取方式主要有以下几种。

方式一：企业的官方招聘网站。

一般企业会有自己的官方招聘网站，企业的空缺职位会通过这个招聘网站发布，对企业感兴趣的应聘者可以通过关注这个网站，寻找自己感兴趣的职位并从网上投递简历。

方式二：第三方的招聘网站。

第三方的招聘网站通常在应聘者中有广泛的知名度，储备有大量应聘者的简历和活跃应聘者的关注。企业可以通过与第三方合作，购买他们的服务，比较常用的服务包括在第三方招聘网站发布职位和购买这些招聘网站的简历下载量，企业进行人才的深度挖掘和寻找。例如，企业最常使用的前程无忧、智联招聘、中华英才网、猎聘网、应届生网、58 同城等。除上述常用网站外，各地方也有相应的招聘网站。例如，南方人才网、深圳人才网、齐鲁人才网。还有一些行业人才网。例如，丁香人才网、医疗人才网、汽车人才网等。

方式三：媒体广告。

媒体广告是企业通过报纸、电视和广播电台等媒体发布招聘信息，特别是在专业的人才报纸上刊登招聘广告。这个渠道的效果会受到广告载体的影响力、覆盖面以及实效性的影响。

方式四：人才招聘会。

人才招聘会通常是由政府或人才中介组织举办的现场招聘会，一般都会有主题，如应届毕业生专场、海外留学生专场、IT 互联网招聘专场等。被邀请参加人才招聘会的企业要有专人带着企业的招聘岗位参加。

方式五：校园招聘。

校园这块战场是兵家必争之地，校园招聘是很多企业针对应届生所采用的最常用的招聘方式。以前企业可能会被自己注意到的竞争对手超越或替代，而现在新的技术不仅在不断改变着我们的生活，也使得企业通过技术上的颠覆和创新，直接 PK 掉行业的龙头老大，使自己成为“领头羊”。在微信出现之前，我们是多么频繁地通过发手机短信作为沟通手段，而现在呢，我们一个月能发几条短信？在“互联网 +”的时代，大学毕业生不仅知识结构更新，他们从小就在移动互联网的环境里成长，移动互联网社交这些新兴事物就铭刻在他们的 DNA 里。吸收这样的有活力、代表未来的“新鲜血液”进入公司，带动公司的创新发展，作为未来企业人才储备是很多公司的共同选择。

方式六：内部推荐。

内部推荐是请员工将自己的亲戚朋友、以前的同事、符合企业招聘职位要求的人才推荐进来。内部员工推荐是非常有效的招聘渠道之一，利用好这个渠道，通过内部推荐渠道招聘的入职员工占到整个员工招聘的 10%—30%，有的甚至高达 40%，大多数企业会给予推荐成功的员工现金或实物奖励。为了鼓励员工积极推荐，这笔推荐奖金发放的时间一般都不会等到新员工过了试用期，有的企业在新员工入职一个月就会发放。内部推荐是否做得好，与企业员工对本企业雇主品牌的认可度有很大的关系，如果内部员工觉得自己供职的企业是个很好的雇主，就会积极地推荐身边的朋友加入。

◆ 内部推荐的创新：

（1）充分利用入职员工的“蜜月期”：通常来说，新入职的员工在加入企业的前 30 天是与企业的“蜜月期”，在这段时间请新入职员工分享其朋友的信息，看是否能和企业正在招聘或未来将要招聘的计划岗位相匹配。

（2）内部推荐竞赛：当有批量招聘需求在同一时间发生时，可以考虑在企业开展内部推荐竞赛，并给获胜的个人和团队现金或实物奖励。内部推荐竞赛按不同的业务来分组，获胜的标准可以设成两个：在规定的时间内，一个是看哪队推荐的人最多（不管入职与否）；另一个是看哪队推荐的人入职最多（以入职为准）。这个竞赛的方案可以由招聘团队，最好由有招聘需求的业务部门的大老板发起，这样更能调动员工的积极性。

（3）奖励那些经常把公司的招聘职位分享给外部朋友的员工：不管员工推荐的人是否顺利入职，奖励不一定非得是现金，也可以是印有公司名称的纪念品，主要是用来鼓励员工积极大力地推荐候选人，把推荐变成一种习惯。

（4）将内部推荐成功的奖励从现金奖励变成其他形式：实物奖励 iPad 平板电脑、iPhone 手机、单反相机或报销旅行费用等。

方式七：外部推荐。

外部推荐是指企业外部客户及其他非内部员工通过个人的社会资源及朋友圈对外部的候选人进行推荐。

以下来自一些企业外部推荐的突破和创新想法，非常有借鉴意义，有的甚至是在日常工作中不用花太多时间，就可以达到事半功倍的效果。

（1）在面试候选人时就请候选人推荐他 / 她的朋友：如果招聘专员面试到一个优秀的候选人，就可以请这个候选人帮忙推荐其朋友。

（2）在面试候选人时提出非常直接具体的问题：例如，在你共事过的同事中，你认为谁是最优秀的首席技术官（CTO）的候选人？你所接触过的销售中谁是某个行业或区域的佼佼者（Top Sales）？这样可以得到很多很好的人才推荐。

方式八：猎头公司。

猎头是专业的咨询公司，它利用其强大的人才储备库、关系网络，在短时期内快速、主动、定向寻找企业所需要的人才。企业通常把普通招聘渠道较难找到的中高端职位委托给猎头来寻找。

根据和企业签的合约，通常分为两大类猎头：一类是猎头找到候选人，候选人顺利入职后企业才付费；另一类是无论是否招聘到中意的候选人，企业都需要向猎头付费，在双方的合约中已经约定好怎么分阶段收费。一般通过猎头公司招聘人才的成功率较高，胜任力也较高。但猎头公司的收费也比较高，通常是被猎成功人员入职后年薪的20%—30%。

方式九：内部猎头。

前面提到的外部猎头能帮助企业在短时间内招聘到中高端人才，但是猎头的收费也比较高。基于这种情况，有的企业设置了内部猎头的岗位。顾名思义，从事内部猎头工作的企业员工一般属于人力资源的招聘部门，他们既有外部猎头那种在短时间内快速、主动、定向寻找推荐企业所需要人才的能力，又有属于企业的员工更加熟悉企业文化和组织架构的优势。他们与有招聘需求的业务部门经理能更紧密地沟通交流，更有助于他们找到企业业务部门想要的候选人，而且他们同其他员工一样拿固定的月薪和年薪。这样一来，内部猎头给公司省了不少猎头费，而企业内的这个职位又对外部猎头中想进入企业的人力资源领域进一步发展自己职业生涯的人有不错的吸引力。

方式十：新兴渠道。

除了传统的渠道，当下愈演愈烈的人才竞争市场，也催生了新兴的招聘渠道。这些新兴招聘渠道是否可以成为企业的有效渠道、如何开拓新的招聘渠道成为招聘管理者的一大重要课题。

（1）社交招聘

社交招聘就是利用社交网络开展的具体招聘行为，即利用社交网络来开展招聘工作。在社交招聘网络中，招聘方和求职者可以即时互动，从而更有利于双方的需求和要求快速达成一致。

常使用的平台有以下几类。

社交型招聘网站：领英、大街网等；

国外社交网：Facebook、Twitter、Foursquare、Google 等；

国内：人人、腾讯朋友、豆瓣、新浪微博、腾讯微博等；

社交 APP：微信、脉脉、赤兔等；

社交群：QQ 群、微信群。

（2）垂直招聘

垂直招聘网站是招聘领域的细分市场，是专注于某一特定领域、满足某一类型需求的招聘网站。

针对特定人群的招聘网站，如大学生的应届生网、Hi All 等；电力行业人才的北极星电力招聘网、IT/ 互联网的拉钩网、中高端用户的猎头网络——猎聘网等；

基于兴趣或社区的招聘网站 / 行业社区论坛，如医生的丁香网、IT/ 互联网的周伯通招聘、网络问答社区知乎等；基于社交的招聘网站，如内推网等。

（3）移动互联网（APP）

移动互联网是将移动通信和互联网结为一体的一种新型模式。移动互联网有其独到的特性：更即时、更快速、更便利，没有任何地域局限、时间限制，可以随时随地开展招聘工作。很多社交招聘网站或垂直招聘网站也有自己的手机客户端，通过移动互联网来连接与匹配用户的需求。目前使用比较普遍的如 BOSS 直聘、领英等。

4.3 建议并选择适合的招聘渠道

开展招聘工作之前，作为招聘人员，需要问自己两个方面的问题。第一，我们的招聘职位具有哪些特性，如是单一职位还是批量职位、低端职位还是高端职位以及职位的紧急程度。第二，目前的招聘渠道有什么问题（WHAT）？什么时间段使用什么样的招聘渠道（WHEN）？为什么使用多样化的招聘渠道（WHY）？如何有效地管理招聘渠道与创新（HOW）？这就要求招聘人员做好招聘渠道的战略布局，开发创新招聘渠道，不同的职位采用不同的招聘策略，使人才招聘能够突破瓶颈并产生良好的招聘效果。

创新的人力资源招聘分为四个招聘阶段，第一阶段发布期（招聘信息发布）、第二阶段搜索期（主动搜索人才）、第三阶段吸引期（多手段吸引候选

人)、第四阶段调和期(重新定位)。具体内容如下:

第一阶段为发布期，是发布职位信息阶段，在这个阶段多采用传统和新兴相结合的招聘渠道，如在公司网站招聘频道、外部招聘网站(前程无忧、智联、拉钩、周伯通等)、社交媒体(微博、微信、领英)、行业社区、论坛发布职位。

第二阶段为搜索期，是主动搜索候选人阶段，在这个阶段要求招聘人员协调各部门进行资源有效配置。

(1)内部资源协调，包含使用内部猎头，主动搜索公司内部人才库，发布微博、微信的招聘专刊以及内部推荐专刊。

(2)外部资源协调，联系外部招聘网站发布招聘专刊，通过谷歌、百度、必应等搜索引擎招聘，通过专业技术类、行业类网站招聘，QQ群寻找人才。

第三阶段为吸引期，是采用多手段吸引候选人。主要通过分析竞争对手、人才市场供应，配合多样化招聘项目，以达到了解市场大环境、了解自己与竞争对手的业务以及人才部署。

(1)竞争对手分析，结合公司的情况分别与竞争对手的业务规模、组织架构、主要业务、与自己公司竞争业务、职级划分、薪酬福利等方面进行一对一的对比，分析出各方的优势与劣势，使业务部门与招聘部门更加明确目标人才的定位。

(2)人才地图分析，明确招聘职位、级别、招聘要求，确立目标公司、搜索战略，针对目标公司画出组织架构、绘制人才地图，锁定重要候选人进行联络或作为长期跟踪对象。

(3)多样化招聘项目。

A. 推荐项目，鼓励新入职员工推荐，在其入职一个月后进行访谈并形成软文在社交媒体上进行宣传，以吸引更多候选人。

B. 回访项目，一方面联系公司管理层鼓励他们推荐优秀的已离职员工，由招聘人员进行电话回访;另一方面给离职员工群发布招聘信息，以吸引优秀的人才重新加入公司。

C. 规模广告项目，对外部，协调社交媒体，如LinkedIn按区域、行业、职位关键词，工作年限，目标公司锁定相关目标候选人进行规模化招聘广告发布，让更多的人了解公司业务以及招聘职位；对内部，邀请最高领导层发布邀请函，鼓励全员推荐。

D. 跨国界招聘项目，协调海外猎头针对优秀海外候选人进行定向搜索。

第四阶段为调和期，通过前三个阶段的招聘推进之后，针对还未完成的职位，与用人部门，HRBP 部门进行进一步沟通，重新定位符合人才市场情况的职位要求。

4.4 定期监测招聘渠道的有效性

招聘周期、招聘成功率、单位招聘成本是评估招聘渠道是否有效的最基本的要素。请参照下表来了解一下各种招聘渠道的有效性。

表 4–1 各类招聘渠道的有效性

招聘渠道	招聘周期	招聘成功率			单位招聘成本
	时间	数量	质量	录用比率	成本
企业的官方招聘网站	中	多	低	中	低
第三方的招聘网站	中	多	中	中	低
媒体广告	长	多	低	低	中
人才招聘会	长	低	低	低	中
校园招聘	长	多	高	低	中
内部推荐	中	少	高	中	中
外部推荐	中	少	高	中	低
猎头公司	短	中	高	高	高
内部猎头	中	少	高	高	中
新兴渠道	短	中	中	中	低

定期检测招聘渠道的有效性可以从下面两个方面来做。

4.4.1　定期分析入职员工的招聘渠道的数据

前面提到了各个招聘渠道的有效性，通过将每半年或一年企业同一类型的入职员工的招聘渠道数据进行汇总分析，可以让我们发现能进一步推广的渠道。

例如，某个企业的入门级销售运营的职位，基于半年入职员工的数据，我们进行汇总分析。

表 4–2　某企业半年入职员工招聘渠道分析数据

入职渠道	人数	百分比
第三方招聘网站	14	44%
公司官方招聘网站	10	31%
微信	2	6%
校园招聘	4	13%
员工推荐	2	6%
总计	32	100%

根据前面“建议并选择合适的招聘渠道”中提到的对于批量低端入门级职位，内部推荐和新兴渠道中的微信渠道是非常适用的。而在上面半年入职员工的渠道数据分析中，这两个渠道的利用率不高，需要在下一阶段的招聘渠道选择中想办法加强这两个渠道。这个定期的招聘渠道监测就起到了分析、调整招聘渠道的作用，以便更快、更好地招到合适的人选。

4.4.2　在项目批量招聘情况下，按照项目招聘进度进行渠道监测

当发现搜寻的候选人的数量和质量有可能不能满足项目进展的要求时，要提前进行招聘渠道数据分析和监测，将时间精力投放到最有效的招聘渠道中，在下面的案例中与大家分享。

4.5 招聘渠道中的“合伙人”关系

招聘并非仅仅是被动地响应人才需求，人力资源部门的招聘团队也不是孤军奋战，我们还有很多“合伙人”。

4.5.1 核心投资人

业务部门的经理：如果招聘的速度、提供的候选人的质量没有我们预期的快和好。招聘部门不需要自己埋头想办法，需要根据市场的数据分析以及搜寻候选人渠道有效性分析与业务部门紧密沟通，提出建议，一起研究怎么根据市场和候选人的情况调整招聘渠道甚至方向。业务部门经理对他需要的人员可能来自哪个竞争对手、他们部门的职位对外部候选人有什么吸引人的卖点是很有发言权的。

4.5.2 战略合作伙伴

业务部门的总经理和 HRBP：当业务部门的年度计划涉及人才的招募，为实现下一年度的业务目标，业务部门的总经理会提前布局。人力资源业务合作伙伴作为桥梁，紧密连接着业务部门的总经理和招聘部门，向共同的目标努力。

4.5.3 同盟军

（1）候选人：在搜寻候选人的过程中，我们碰到好的候选人，候选人又对我们企业有好感，但是他的职业发展方向或阶段和我们要招聘的职位现在不符，我们可以和他以“合伙人”的关系相处，请他推荐周围的朋友或以前的同事，不定期地进行联系，分享企业的一些信息，把他放到企业的人才库里，以便将来有合适的职位再推荐。

（2）现有的员工：除了前面提到的在员工入职的 30 天“蜜月期”内，我们请他们推荐朋友。对那些已经入职一段时间（如一两年），也是我们的“合伙人”。他们来自哪家公司、哪个行业，入职后他们的体验如何，企业的哪些方面是吸引他们加入的，而在工作了一两年后，这些方面还会吸引他们吗？还是有变化，如果有，变化在哪儿？这些问题的答案能够很好地帮助招聘团队获得有效信息，助力现在这个部门的招聘。

（3）已经离职的员工：已经离职的员工也不是从此就和企业一拍两散、互不来往。特别是那些优秀的员工，他们在新的企业中工作会对外部市场更加了解，而把他们再招聘回来，他们会为企业带来新鲜的想法，对企业的忠诚度会比较高。

4.5.4　市场拓展合作伙伴

（1）市场部门：雇主品牌在招聘中起到的作用不容忽视，好的雇主品牌对外部潜在候选人有很强的号召力。而雇主品牌的打造、推广到被外部的认可，也绝对不是企业招聘部门凭一己之力可以做到的，市场部门就是招聘部门最强有力的合作伙伴。

（2）大学合作部：校园招聘是主要的招聘渠道之一。招聘部门与大学合作部通力合作，才能与目标的大学院校保持更好的联系，更好地在校园内做公司宣传，吸引优秀的同学。

第五章

选择招聘对象

5.1 有章可循的人才筛选

◆ 长短期目标结合才是王道

人才筛选，顾名思义是应组织内部发展需要，根据职位的空缺或组织未来发展计划，依循一定的测评方法，挑选和配置合适人才的过程。可以看出，人才筛选整个过程涉及几个方面：（1）组织要有一定的人才规划；（2）有清晰细化的招聘需求；（3）依循特定和有效的测评方法；（4）正确解读人才的合适性。

我们为什么要做人才筛选？很多人第一个想到的肯定是人不够用，所以要挑选合适的人来补缺。这是人才筛选的基本目的——选择匹配的人才来填补职位空缺，以达到甚至超过我们期望的绩效。这解决的是短期目标。

然而，这绝不是我们唯一的目标。从利益最大化的角度来看，除可以胜任本职工作外，我们也希望招聘的人才可以长期胜任本职工作，甚至可以胜任组织内其他不同的职位，为组织长期的人才储备和人才发展做出贡献。

反观，如果人才筛选没做好，要么招不到合适的人，要么招到了留不住，更别说成为长期的人才储备了。反复的招人—空缺—再招人—再空缺，用人成本可想而知，关键职位的长期用人不到位，甚至有可能成为组织往前发展的绊脚石。所以，人才筛选的方法就显得尤为重要。

◆ 内外因结合，看人才筛选方向

从组织角度来看，影响人才筛选的因素很多，大致可以分为内外两种。

内部因素：一个是组织自身的规模、发展阶段和管理层对待招聘的态度。比如，一个跨国大型企业和一个小型初创企业的人才筛选过程肯定是不一样的，大型企业有完善的筛选体系和筛选文化，企业内相关人员（如用人部门、招聘团队等）对于人才筛选有相对一致的认知，而小型企业则可能采取更实际的筛选方式，以求最快、最经济实惠地达到筛选目标。

职位本身的性质也会影响人才筛选。招聘总经理和招聘前台所需要的筛选标准和方法肯定有所不同，招聘一个有十年工作经验的销售经理和通过校园招聘若干个应届销售培训生所运用的筛选手段也绝对是有区别的。

此外，组织是否有完善的内部人才培养和职位调整计划会给人才筛选带来一些影响因素。内部培养起来的人才对于组织文化和工作模式有比较深入的了解，外部招聘来的人才则可能有更广阔的行业视野和工作创新度，显然这两类人的筛选手段也是不同的。

外部因素：影响人才筛选的最大外部因素就是劳动力市场的规模、构成和人才的可得性。市场经济情况、失业率、行业发展趋向、舆论导向，甚至国家政策风向和调控，都会影响组织进行人才筛选的方法和手段。

5.1.1 人才筛选

◆“德艺双馨”全面考量

当确定了招聘需求和相应的招聘渠道、获得大量的申请简历后，我们要从哪些方面判断人才的适用性和匹配度呢？

（1）品德为先，不忘初心：做对的事，才能把事情做对

做对的事，是把事情做对的前提。一个员工的价值观是否与组织的价值观相符决定了他是否能与组织共进退、同成长，也决定了他能否成就客户、成就自我。我们要选择与公司“志同道合”之人，方能携手共进、共创佳绩。

（2）技压群雄，艳压群芳：有了金刚钻，才能做好瓷器活

卓越的专业知识是完成本职工作的基本因素，包含各种硬性技能和软性技能，如对于所在行业的发展动态、产品发展趋势、竞争对手的了解、某些特定技术的掌握级别、与人沟通交流的方式方法、面对挑战的态度及心理承受能力，等等。不同的岗位需要不同的技能，企业招聘者需要因地制宜，通权达变，制定适合该岗位的衡量尺度。

◆ 科学的方法，为人才筛选保驾护航

筛选合适正确的人才本身就是一件具有很大挑战性的事情，优秀的人才

是企业最具价值的资产，帮助企业筛选出对的人才也就为企业提高市场竞争力做出了极大的贡献。想要完成这项挑战就必须依赖科学的筛选方法和工具，企业招聘者可以根据职位的职级、具体要求自由搭配。

筛选流程的制定：

（1）门槛筛选：过滤掉一些不符合硬性要求（如专业、学历、语言等）的应聘者。

（2）初试：第一阶段合格的应聘者可进入初试阶段，企业通常会使用在线测评工具，如职业性格测评、推理测验等，以便快速评估候选人的性格、思维推理、团队合作等综合表现。

（3）初面：在线测评合格的候选人可以进入面试阶段，可依实际情况进行视频面试或现场面试。另外，按操作难易程度，此阶段面试也会分不同类型，如结构化访谈、无领导小组讨论等。评价者一般包括招聘部门人员和用人部门管理者。

（4）复试：如有必要，可设立复试阶段。初面合格的候选人有资格进入下一轮面试，由招聘部门管理者或企业高管进行多维度的观察评估。

（5）背景调查：经各阶段综合评估，对最终筛选出的有资格的候选人进行背景调查，或委托第三方进行背景调查，以核实候选人的真实履历和信誉。

筛选工具的运用：

（1）纸笔测验：纸笔测验是最为传统的人才筛选方法，采用纸笔作答，统一阅卷。通常用于专业知识或基础知识的考核，如编程基础知识、财务基本法规与道德规范等。优点是可以大规模施测，方便监控现场作答情况，缺点是成本较高，尤其是如果企业在多个区域或地方有分公司时，需统筹安排试卷的打印、运输、阅卷计分、考场场地安排、监考人员组织等。

（2）在线测评：在线测评是建立在行为科学、心理测量学等学科基础上，经由专业的测评产品和服务供应商开发研究的、可在线实施的评估工具或系统。其种类较多，后面将会有详细介绍。在线测评产品及服务目前已颇具规模，企业在使用时应仔细辨别其专业性和科学性，根据自身情况，挑选合适的产品或服务来使用。在线测评的优点是方便大规模施测、可快速地生成结果报告，甚至根据候选人的回答给出专业建议，省去很多人力、物力。另外，在线测评系统可以和招聘平台方便地集成，在线测评产品本身也可以进行定制。

（3）结构化面试：

a. 电话面试：根据企业实际情况，招聘人员可按事先设计好的结构化问题提纲对候选人进行电话沟通，询问想要了解的信息，如相关经验、过往就职情况、跳槽原因等。

b. 现场面试：可分为个体面试和群体面试。个体面试为针对一个候选人单独进行的面谈，评价者可以是一个或多个。群体面试一般由多个评价者考查由几个候选人组成的候选人小组，如无领导小组讨论。面试内容通常为事先设计好的结构化问题。

c. 评价中心：评价中心是采用一系列结构化的测评方法，对候选人（通常是重要岗位的候选人）进行综合评估，包括公文筐、角色扮演、案例分析、个人演讲、结构化访谈、无领导小组讨论等。根据所选用组合方法的多少，持续时间也由一天到几天不等，对候选人来说强度和难度都较大，因而对招聘者或评价者的评估能力要求也较高。对于评价中心技术中的各种方法，我们会在 5.1.2“人才测评”一节中具体介绍。

结构化面试成本相对较高，尤其是评价中心技术，除成本高、耗时长外，其操作难度也较大，通常需要借助专业的第三方测评公司，或者企业内部组建、借助第三方培训出一个评估小组，评估委员可以由招聘部门人员担任，最好具备心理测量学的相关背景，只有接受足够的专业培训后，才可操作评价中心的题目设计和实施。评价中心的优点是能够更准确地衡量出候选人的真实水平，更好地预测其在特定职位上的未来表现。

5.1.2 人才测评

企业在人才招聘过程中，经常面临着紧迫性和效率、短期需求和长期规划的多重挑战。例如，如何尽早地发现最佳人选；怎样快速、高质量地完成空缺职位的招聘；如何做好继任计划，建立人才储备等。而人才测评产品和服务为组织面临的这些挑战提供了相应的解决方案，通过招聘前后的测评，在技能、文化、匹配度、动机、个性等方面进行科学衡量，能快速识别高质量的人才，并为候选人和员工建立全周期的测评档案，全方位了解员工能力，帮助企业有效管理最具价值的资产——员工。

人才测评应用于招聘环节，可以帮助企业实现对人才的甄别、筛选、评估和培养，大大提高人才选拔的效率与有效性，通过实施更为精确的预测性招聘来帮助企业优化员工。

具体可满足的需求有：

- 对做出招聘员工的决定所依赖的客观数据的需求；
- 找到新的技能来支持企业的增长目标；
- 通过招聘更优秀的候选人来提升经营绩效；
- 降低员工流失率；
- 提高应聘人群的质量；
- 快速筛选应聘者；
- 校招，或者内部选拔与晋升；
- 在线测评和招聘平台相整合，实现招聘流程自动化管理。

◆ 线上线下巧结合，轻轻松松选对人

人才测评分为在线测评和线下测评，企业招聘者需要灵活选择各种测评方法，以大大提高人才选拔的效率与有效性。

在线测评是指通过在线工具或系统来完成对候选人的一项或多项评估。按测评目标和对象的不同，又可细分为在线行为类测评和在线技能类测评，企业招聘者通过不同的测评产品可以达到不同的筛选目标。

（1）在线行为类测评

a. 匹配度测评：具体可分为文化匹配度、职位匹配、职业生涯匹配等，这些测评用以满足不同的需求，如多种职位的选拔、职业通道与发展、识别候选人的价值观与组织及职位所要求的价值观是否为最佳匹配等。如果希望降低离职率，可以运用此类测评。

b. 性格测评：该测评类型对性格特征及行为偏好提供了综合性的评估，测评报告可为使用者提供重要的反馈和建议，如职业性格测评（OPI）。

c. 推理测验：计算机自适应（CAT）推理测验用来识别个人在问题解决方面的能力，包括对数字、言语、逻辑（非言语数字）方面，可以单独使用，也可以与其他测评结合使用。

d. 情境判断测验：该类测验用来评估候选人的决策制定是否达到某一职位预期。通过衡量对模拟现实情境的反应，组织可以判断某个人朝着组织期望的方向，最终成功的可能性。

e. 动机测评：即考查对候选人来说最重要的驱动因素，如名誉、专业提升、物质回报、工作—生活平衡等。使用该类测评可以帮助组织更有效地开展人才入职、发展及留任。

f. 经验指标测评：该类测评帮助预测个体基于以往的经验，在某职位上发挥影响力的可能性有多大。此类测评更适用于寻求定制化的领导力选拔与发展方案的组织。

（2）在线技能类测评

针对特定行业、特定职位的技能评估，如文员类、软件开发类、呼叫中心类、财务类、工业制造类、餐饮酒店类等，这类测评由特定行业领域的专家开发、验证。题型包括选择题、情景模拟、软件互动（如 Excel 操作）、文本输入等。每个技能测评的测题分不同的难度等级，因此可用技能类测评来检验对某个主题知识掌握的程度。测评结果可以快速在线生成，简明易读，因此可快速识别优秀候选人。

线下实施的人才测评：线下的人才测评通常是指由人才测评专业顾问来实施的，建立在行为科学与心理测量学基础上的一系列流程和方法，这里重点介绍下评价中心，曾在 5.1.1 一节中有简单介绍。

评价中心是包含多种评价方法和形式的测评技术，受试者接受一系列逼真的模拟现实工作场景的测试，完成各种任务，评价者（通常有多个评价者）通过观察分析来评估其在各种压力情景下的综合表现。它起源于 1929 年德国心理学家建立的用于选拔军官的多项评价过程，后来美国情报局用情景模拟和小组讨论来选拔情报人员，取得了成功。由美国电话电报公司首次在工业组织中使用评价中心，直至现在，许多世界 500 强公司采用了此项技术来帮助招聘选拔候选人或继任者。

企业招聘者根据实际情况，可对以下多种方法进行综合运用。

（1）公文筐测验：评价者给出特定职位需要处理的日常文件或紧急邮件等材料，让候选人在规定的时间和条件下处理这些事务，并口头或书面解释说明这样处理的原因或理由，通常考查候选人的分析思维、优先级管理、决策能力等。公文筐测验为评价中心最常用的方法之一。

（2）结构化访谈：评价者依据事先列好的访谈提纲，通过面对面的询问、澄清、质疑等沟通方式来考查候选人的逻辑表达能力、沟通能力、抗压能力等。

（3）无领导小组讨论：小组人数一般 5—9 个候选人为宜。给出一个设计好的主题情景或商业案例，该情景或商业案例会考查特定的胜任力，要求候选人与其他小组成员进行深入讨论，相互协调、争论，集体决议直至达成一致意见，最终由评价者（一般为多个评价者）依据详细评分标准和行为指标进行评分。考查的能力包括有效沟通能力、领导力、分析思维、战略思维等。

（4）个人演讲：让候选人就一定题目进行当众演讲或即兴演讲，通常是当着评价者和其他应聘者的面进行，考查其言语和非言语沟通能力、语调、仪态管理等。

（5）角色扮演：让候选人模拟应聘的职位角色，处理该角色要面临的相关工作问题，考查候选人在实际情景中的问题解决能力和相关专业知识的运用等。

（6）管理游戏：通常要求候选人模仿竞争关系的两个或多个组织的成员，提出在竞争局面中获胜的策略或解决方案，如广告宣传、提升销售业绩、存货管理等，考查候选人的决策能力、应变能力、组织能力、沟通能力等多方面胜任力。

当然，随着时间的推移，人才测评的方法和工具越来越多，但其核心多是以行为科学、心理测量学为基础，测量各种维度，综合衡量出一个人的真实能力水平及其与企业需求的匹配度。

5.1.3 人才解读

拥有合理的人才筛选流程，运用科学的测评手段，对于找到企业需要的人才可谓事半功倍，接下来就是正确的分析和解读我们得到的结果，找到最合适的人才。

企业之间千差万别，招聘的职位又各不相同，那么有哪些标准是我们需要遵循的呢？

◆ 诚信为先，不忘初心

候选人品德的好坏、诚信度的高低往往比他的专业能力更重要。法国著名思想家、作家罗曼·罗兰说过：没有伟大的品格，就没有伟大的人，甚至也没有伟大的艺术家，伟大的行动者。战国时期著名的思想家墨子也说过：“志不强者智不达，言不信者行不果。”诚信与否，是一个原则性问题，是先于工作能力的指标。如果一个候选人诚信度和工作能力俱佳，可以给公司带来1的效益的话，工作能力不行但诚实的人最多是0产出，而不诚实无底线的人不但不会给组织带来帮助，反而可能会带来严重的负面影响，拖累组织和团队。因此，解读人才第一个原则就是挑选品德优良、诚信的候选人。

◆ 客户为要，需求为先

对于招聘工作者而言，我们的客户是谁？我们在为谁招聘？是我们的企业。所以，我们在解读各项人才测评结果的时候，不仅要考虑短期的为某个职位空缺补上人，也要为企业的长远发展储备好有潜质的人才。既要积极了解招聘部门的现行需求，也要引导帮助招聘部门从整个人力资源战略发展的角度制订完善的招聘计划，既解“燃眉之急”，亦不忘“长远之计”。

◆ 最合适的才是最好的

我们根据不同的职位制定不同的筛选流程，选用多样的测评方法，投入巨大的人力、物力、财力，其最终目的就是要把合适的人放在合适的位置上，保证企业的长足发展。结合前两小节的论述，不难发现，此处的合适是多方位的，包含个人品德、价值观、各项技能等。当然，每个组织以及各个职位都有自己的定位，招聘者很难找到完美的候选人，所以我们要学会抓主要矛盾，选取符合最重要的筛选条件。一个各方面条件都很优秀的候选人如果一味地追求高薪水，这样的人才对于立足长远的企业来说是不是最好的选择呢？假设我们破例为其打破薪资范围聘用了他，对于团队稳定以及招聘成本管控来说是否会产生不良的影响？这名员工是否可以为企业长久效力？长远看来，企业的得失，孰轻孰重？相信智慧如你，已了然于胸。

【经典案例 5】

【案例说明】

A 公司是知名快餐连锁品牌，在本国拥有 1200 多家门店，有 97000 多名雇员。对于如何改善新员工招聘筛选流程，更快地吸引高质量的候选人到合适的岗位，一直是 A 公司面临的挑战。在找到合适的解决方案前，A 公司每天有 2000 个客户服务岗位的应聘者，只有 4% 的人最终成功应聘；管理培训生职位的应聘成功率更小，只有 0.6%。为减少招聘人员在不合适候选人上花费的时间，提高招聘效率，A 公司最终选择采用第三方测评解决方案来帮助其改善现状，以求快速招到合适的人员到岗。

【案例解析】

首先，A 公司招聘团队与高绩效的员工进行焦点小组访谈，收集对现有候选人质量的具体反馈。当候选人的经验与对工作的预期相符时，会对工作更满意，减少主动离职。当公司能减少早期离职率，相应就能大大减少填补空缺的开支。而使用测评可以使候选人对工作要求更清晰，如果觉得与自己预期不符，便不会再进行下一步申请，因而也大大减少不合适候选人的比例。

基于焦点小组访谈的结果，A 公司招聘团队和第三方机构开发了现实工作预览（Realistic Job Preview，RJP）、情境判断（Situation Judgment Test，SJT）和依赖性测验，并将这些测验整合到 A 公司在线招聘系统。

这些测验能帮助候选人更清晰地理解特定岗位（如柜台员工、厨房员工、顾客照应岗位等）的期望，所要求的文化、价值观、态度等。测评模拟了候选人将会在这些岗位上面临的工作情景。

完成 RJP 以后，候选人会立即得到反馈，得知自己是否符合 A 公司对职位的要求。合适的候选人进入下一环节，进行 SJT 测评，通过情景模拟来评估候选人在职业要求的关键行为上的表现。

同时，候选人还会接受依赖性测试，来评估他们的依赖度、可信度以及遵从指示的可能性。这些测评会生成一个总体分数，决定着候选人是否有资格进入下一环节。

最终，通过该测评解决方案，A 公司收到显著成效：测评上线四个月后，不适合的门店岗位申请者下降了 35%，管理培训生岗位下降了 50%；尤其是管理岗位上，大量节约下来的时间使得招聘人员将更多的精力放在最适合的候选人身上，而这些节省下来的费用使 A 公司得以为所有的管理岗位建立一个集中化的测评，而这些集中化测评模式的运用使管理岗位的招聘时间节约了 25% 以上，申请比降低了 66%，大大提高了候选人选拔的效率。

【经典案例 6】

【案例说明】

M 是国内高科技公司，公司董事会决定明年大力加大对零售及制造行业的拓展，为此需要相关行业技术型的专业销售人员。招聘部门受命为此制订相应的 W 计划招募所需人员。

【案例解析】

灵活运用各种人才筛选方法，引导和帮助组织找到最合适的人（只选对的，不选贵的）。

因组织战略目标为开拓新市场，意味着 W 计划的目标就是最了解目标行业的技术专家和销售精英，那么直接在竞争对手那里挖不就行了吗？非也。竞争对手公司必然在该领域已经深耕细作多年，积累了较好的客户关系，他们的销售早已不需要费太多的心思就可以将产品售出。然而，M 公司虽然有好的产品，却因为进入市场较晚，一直难以获得客户的青睐。所以，M 公司需要的不仅是有热情、有耐心、有冲劲的销售人才，还必须是真正了解零售及制造业的行业专家，这样才可以在客户面前很好地用客户的语言讲述客户需要的解决方案。

所以，M 公司对所有应聘者在面试之前都进行了性格测试，将在适应性、抗压性、情绪管控等方面不适合做销售的人员剔除掉，同时安排了相对应的专业考试，挑选出具备先进行业知识的人员参加面试。

在面试中，除了解应聘者过往工作成绩外，还加入了情景面试环节，要求应聘者以 M 公司销售人员的身份对某次客户拜访做出计划或者对特定的状况做出反应。

通过笔试和面试的层层筛选，最终选拔出 M 公司的“明日之星”。

5.2 人才选择中的合伙制

从组织架构来说，招聘是属于人力资源管理范畴，但是招聘绝对不是单打独斗的一个职能。当拿到招聘需求的时候，从招聘需求分析、招聘渠道的讨论到候选人的筛选，具体用人部门和用人经理都是一个“关键先生”，只有他们认可我们的招聘理念，配合我们的人才筛选，并在候选人的选择上提供专业的意见，一个职位的招聘才能顺利并高效地完成。

5.2.1 建立公司内部共同的“招聘语言”

人力资源管理是一个和人打交道的职能，招聘是其中最基础的、需要对人做出筛选和评价的职能。对于招聘需求，需要招聘团队和 HRBP 以及用人部门的密切配合。招聘团队和 HRBP 属于人力资源管理，用人部门往往属于业务部门，术业有专攻，平时的工作内容不尽相同，在需要合作完成招聘需求的时候，就需要这几方有一个共同的工作语言——“招聘语言”，使得大家在对候选人做出反馈的时候，都是基于一致的标准和评分制度，在这个基础上给出尽量客观和公正的评价。

正所谓“无规矩不成方圆”，“招聘语言”就是可以量化的标准，用以规范人才选择中各个参与选择的筛选者的招聘行为，达到选出最合适的候选人的目标。

“招聘语言”可以分为两大部分。

◆ 规范筛选者的筛选行为

首先，各个筛选者对目标候选人的“画像”即总体要求要有共识；其次，各个筛选者对于具体使用哪种或者哪几种筛选方法要有共识；再次，各个筛选者必须掌握基本的筛选能力，如参加必需的面试培训。

◆ 规定具体的筛选标准

符合组织发展部分：指的是候选人与组织文化以及组织未来发展契合的一

些特征，如“诚信度”“创新能力”“综合素质”等。

专业技能部分：指的是具体到我们要招聘的岗位，对候选人能力的要求，如“销售能力”“管理团队能力”“对数字敏感，有相关证书”等。

基本技能部分：指的是一般性的能力要求，如“英语能力”“办公软件使用能力”“基本公文写作能力”等。

每个筛选标准应该是量化的，如用分数或者等级来代表候选人在某个标准上的水平，筛选者在具体分数或相应等级代表水平也要有一个共识。

针对共同的“招聘语言”，招聘团队要对参与筛选环节的各个筛选者进行必要的提前讲解和沟通，有条件的组织和企业应该把“招聘语言”打造成一个系统的培训计划，让所有需要参与到筛选环节的人都参加培训，获得认证，并通过定期的认证更新巩固这个共同的“招聘语言”。

5.2.2 基于明晰招聘需求的阶段性面试重点分工

对于一般组织而言，招聘一个岗位需要至少两个筛选者的面试测评。在现实操作中，一个候选人从应聘到聘用经过三四轮甚至五六轮面试都不少见。在每一轮面试中，如果每个面试官问的都是类似的问题，这样实在是浪费时间和精力，也会让候选人产生厌倦和困惑。因此，每个面试官的面试分工就显得很重要。

我们先把整个面试环节分为三个阶段：初面试、深入面试、终面试。每个阶段具体安排多少轮面试可以根据实际情况而定。

◆ 初面试阶段

一般来说，初面试阶段可以由招聘团队进行。在进行候选人简历筛选时，招聘团队可以通过电话或者面谈的形式对候选人做出初步的测评。在这个面试阶段，面试的侧重点应该是“抓大放小”，因为还在初步筛选阶段，除非涉及原则性问题，我们不应该因为一些过于细小的瑕疵而把候选人否定，应该抓住大方向，让更多相对合适的候选人进入备选范围。由于招聘团队不是业务部门，因此在初面试时，应该将重心放在候选人的整体素质和“软实力”上，如职业生涯经历和规划、表达能力和谈吐、工作态度和能力、个人诚信度等。招聘团队当然也需要懂业务，在初面试阶段也应该适当针对业务能力对候选人做出评定，但这个不影响在初面试阶段对于候选人整体实力的把握和评判。

◆ 深入面试阶段

深入面试阶段可以由业务部门来完成，HRBP 也可以参与到这一面试阶段。业务部门面试就是专业面试，筛选者必须从实际业务发展角度来测评候选人的适合程度，如专业技能水平、具体的项目实操、过往工作经验的相关度、与团队的契合度等。HRBP 的参与也可以从人力资源用工角度来给业务部门提供建议。

◆ 终面试阶段

作为面试的最后阶段，根据不同职位，很多组织会让管理层，如二线或三线领导、部门总经理、公司高层等来做最后一道把关。一般来说，到了这一阶段的候选人，都是通过了整体素质和专业能力测评的，对于这一阶段的筛选者来说，面试的侧重点应该是从组织发展策略的大方向来测评候选人，而不需要拘泥于专业细节方面。对于资深管理者而言，他们在组织发展策略、行业发展趋向，甚至国家发展方向上都会有更高层次的了解和理解，对于怎样的候选人符合这些发展策略需求能够给出高屋建瓴的意见，这也应该是最终面试阶段需要达到的目的。

5.2.3 推进面试实测的职位需求调整（both for business and recruitment）

一个完整的招聘流程，从招聘需求开始，经过职位需求细化、筛选、面试，到最终确定候选人。谈 offer 和入职，这是一个前后呼应、时刻在变化的过程，为了确保整个过程顺畅，我们需要及时对其中发生的变化做出相应调整。这里我们重点说一下面试过程对于职位需求调整的影响。

一般来说，招聘团队筛选候选人的标准是根据用人部门提供的职位需求来制定的，招聘团队有必要在面试的各个阶段和用人部门一起对职位需求做出检视甚至调整。可以分为下面三个阶段：

面试前：当拿到职位需求时，招聘团队就需要和用人部门一起制定候选人要求，招聘团队应该能够在这个时候给用人部门提供候选人相关建议，如候选人工作年限要求、相关职业技能要求、工作经验要求等，在做筛选前把合理的候选人要求制定出来，为后续的筛选和面试打好基础。

面试过程中：在一步步做筛选和面试的过程中，我们很多时候会遇到这样的问题——候选人的情况和我们的要求有出入，可能有两种原因。一种可能是因为招聘团队对职位要求的理解有偏差，以致筛选出来的候选人不符合要求。还有一种可能是在人才市场里，没有或者极少有完全符合职位需求的候选人，在这种情况下，招聘团队需要及时和用人部门沟通，提供人才市场的真实情况，考虑是否可以调整职位需求。无论是哪种原因，都要求招聘团队与用人部门要及时和经常沟通，遇到问题及时调整解决。

面试后：结束面试后，招聘团队要和面试者及时沟通面试反馈，并且要针对反馈给出自己的建议。一般来说，完全符合职位要求的候选人不会太多，如果一个候选人在多方面都比较符合要求的话，我们可以建议用人部门优先考虑这些优势给予通过或录用，而没必要非得要求候选人满足职位的所有要求。抓住要求里最关键的几个重点，才能尽可能多地找到合适的候选人，然后从中挑选最优者。

【经典案例 7】

【案例说明】

某 IT 行业知名外企为大力发展云服务业务，急需在半年内招聘数名云计算专家。然而，由于近年来云计算业务在国内迅猛发展，多家企业不惜血本疯狂招揽相关人才，人才数量紧缺，薪资也水涨船高。业务部门背负着巨大的业绩压力，要求企业招聘部门务必尽快找到合适的候选人。

【案例解析】

招聘部门接到职位需求后，迅速制订了人才搜索和筛选方案。

统一“招聘语言”，确定共同目标。成立招聘项目小组，邀请业务部门派代表加入，与招聘团队共同确定需要筛选的方面和重点，选用大家都认同的筛选方法及工具，并让所有需要参与面试的人员参加统一的面试培训。该职位需要候选人具有丰富的云计算相关专业知识，掌握国内各行业目前云计算应用情况、竞争企业与本公司的优劣势，并具备优秀的中英文沟通能力以及极强的团队合作能力和项目管理经验。可以看出，该职位需要的是技能较为全面的销售型人才。

各司其职，高效有序。由招聘部门管控整个筛选流程，并进行初轮筛选。

（1）按照与业务部门共同确定的硬性技能筛选出合适简历；

（2）通过匹配度在线测试和性格测试，衡量候选人与公司及职位是否为最佳人选；

（3）通过职业技能类测试，衡量候选人技术能力及行业知识是否符合业务部门要求。

通过者再由业务部门进行面试，且邀请 HRBP 加入共同测评。业务部门经理重点考核候选人的业务能力、项目经验、沟通表达能力等与业务息息相关的技能，而 HRBP 则侧重于团队合作精神，长久学习发展的可能性。

通过此轮的面试者基本上已是精英之才，再由业务部门二线经理考查其与高级别领导的交流技巧和能力，以适应该岗位必须与 CXO 级别客户交流的需要。

通过与业务部门及 HRBP 紧密合作、达成共识，该企业招聘部门在半年内如期完成了招聘目标，给予企业云计算业务的发展以有力支持。

5.3 关键人才的推荐及跟踪

招聘团队是专业的人才筛选团队，很多时候业务部门会依据招聘团队的人才推荐建议来对候选人做出选择，招聘团队意见的专业性和客观性就显得很重要。而对于人才特别是关键人才的管理能力，是招聘团队必须具备的专业技能之一。

5.3.1 人才推荐

人才推荐是整个人才筛选里必不可少的一个环节，毕竟由招聘团队直接做出聘用决定还是少数，招聘团队主要还是起到一个在候选人和业务部门之间作为桥梁的作用，把候选人的真实情况提供给业务部门，并提供自己的专业意见和建议，让业务部门能够对被筛选出来的候选人有一个初步的认识和了解，以便后续更好地对候选人做进一步的评价。

招聘团队对候选人的推荐，可以遵循以下几个方面：

候选人自身的基本信息：包括候选人的学历背景、过往工作资历介绍、工作地点、现在薪资、期望薪资等。

候选人的专业信息：可以着重把招聘团队在初面试阶段获得的一些信息，包括候选人整体素质情况，过往工作经验里突出的、与目前招聘岗位要求契合的经历，以及一些比较特殊或印象深刻的信息。

候选人其他信息：此处相对比较灵活，招聘团队可以写上任何对业务部门有帮助的信息，如候选人英语情况、海外工作或学习经历、性格特征等。

总体推荐意见：可以写上招聘团队对该候选人的总体意见。

人才推荐的形式可以分为书面形式或口头形式两种，书面形式相对正式全面，口头形式更随意、更贴切。无论是哪种形式，都要务求做到相对客观和公正，候选人的优点长处要有，一些突出或对后续筛选有影响的缺点短处也要如实反映，因为招聘团队和业务部门的合作是长期的，相互间的信任是通过一次次的人才推荐来积累的，因此招聘团队要重视每一次的人才推荐。

5.3.2　人才跟踪

人才筛选是一个综合的长期的过程，最终被聘用的候选人都是需要经过若干个筛选流程才能脱颖而出。招聘团队在从最初和候选人接触到推荐候选人，再到最后候选人被聘用，其间不是当“甩手掌柜”完全不管，而是需要和候选人保持联系。这样做的好处，一是给候选人留下一个好印象，让候选人觉得招聘团队负责任，从而给整个组织形象的建立和维护带来帮助；二是对候选人持续的关注、了解候选人的想法，可以帮助招聘团队把握整个招聘节奏，也可以及时把这些想法和业务部门沟通，不会因为双方信息不对称而造成误会。

人才跟踪可以分为筛选前跟踪和筛选后跟踪。

筛选前跟踪，或者说面试或测评前跟踪，是指在每一次面试或测评安排之前，招聘团队和候选人的沟通。比如，了解下候选人来参加面试或测评有无困难、是否需要修改时间，也可以针对候选人对该次面试或测评的想法和疑问做出回答，甚至可以和候选人讲解一下整个招聘流程的安排和时间跨度，等等。这样既可以帮候选人释疑，也可以给候选人比较好的印象。

筛选后跟踪，主要是在面试或测评结束后，对候选人该次面试或测评的自我感觉进行询问，同时可以对候选人提出的问题进行回答。主要目的是提前关注候选人是否在面试或测评后出现可能影响聘用的情况，如面试后对招聘职位工作内容的误解、对面试官或者用人部门的误解、对薪资的过高期望，等等。

5.3.3 人才的空窗期管理

任何的人才供需不匹配，我们都可以理解为人才空窗期。

在招聘过程中，我们是根据招聘岗位数量，按照一定比例来筛选候选人的。例如，1∶5、1∶8，等等。最终只有一个候选人会被聘用，但不代表其他候选人就一定不优秀，有可能他们只是没那么适合我们要招聘的岗位。又或者，在个别案例里，本来要招聘的岗位被临时撤销了，那原来推荐的候选人里面也有条件不错的，这个时候我们就要想方设法做好人才储备管理了。

还有一种情况，我们在做初步筛选的时候，有部分候选人的条件非常符合我们的要求，但是候选人本身没有换工作的意愿，这一部分的候选人其实是非常好的人才储备，我们应该把他们的简历管理好，以备不时之需。

人才储备的方法多种多样，从最传统的纸质简历保管到电子化简历保管，还可以使用专门的软件系统来进行人才储备管理。无论是哪种形式，有几个关键点是必不可少的：

人才类型的分类：在人才积累到一定数量级的时候，如果人才不按照一定的条件分类，要找出具体某一类候选人就要花费很大的搜索精力。因此，在一开始，我们就应该根据组织招聘的需求来把人才储备库分类。比如，按职能分、按工作年限分、按区域分，等等。

人才搜索需要的信息：储备的人才按类型分类好，我们可以为每一个候选人建立特定的标签或者关键字，使得我们能够快速找出特定的候选人。这个应该根据每个不同组织的需求来设定，可以是行业背景、专业、语言能力等。

比如，在“项目经理”这个大分类里，我们能够通过搜索关键字把“机械制造业”里的项目经理候选人挑选出来。又如，可以把英语专业的候选人从“秘书候选人”分类里挑选出来。

定期更新候选人信息和状态：人才空窗期管理应该是一个流动的过程，因为每个候选人随时都有可能发生变化，工作职位变化、找工作状态变化、所在城市变化等，因此，和候选人定期保持联系是必须做的，而且间隔时间不能过长，建议3—6个月为宜。并且可以把每次状态的跟进记录下来，形成管理库的一条信息，以便后续再搜索到这个候选人的时候可以看到之前和他联系的时间和具体状态。

【经典案例8】

【案例说明】

C公司是一家通信设备生产商，刚刚中标一家世界500强外资银行在中国区的通信设备和解决方案大单。为了应对该项目相应而来的实施工作，C公司决定聘请一位资深项目经理。

【案例解析】

招聘团队接到招聘需求后，和用人部门进行了充分的沟通，根据沟通后定下来的候选人需求，招聘团队在各种渠道进行筛选后，初步挑选出四位候选人进行推荐。

招聘团队采用之前就设计好的表格，把四位候选人的个人基本情况、过往相关工作年限和经验、项目管理专业人员资格认证（PMP）情况、目前薪资和期望薪资等信息整理好发送邮件给用人部门，并及时和用人部门经理进行口头沟通，把招聘团队在初筛阶段对于四位候选人的优缺点分析向这位经理汇报，让他在面试时可以针对这些优缺点进行进一步的观察和评估。

用人部门经理在第一轮面试后，挑选出其中两位候选人进入第二轮，由用人部门总经理面试。其中，A候选人虽然工作资历不算很深，但之前有过银行项目的经验；B候选人相对经验资深，有外企工作经历，英文非常好，但银行实施项目接触不多。

当招聘团队在和两位进入二面的候选人沟通面试安排和时间时，得知A

候选人因为家庭原因，有将来回老家工作的打算，而这个情况在初筛选时候选人并未提及。招聘团队在获得这个信息以后，及时向二面的部门负责人反映了这个情况。

最终，用人部门挑选了 B 候选人，虽然他没有太多相关银行项目经验，但拥有其他大型项目实施管理经验，对于大型项目的管理把控有自己的优势，而且熟悉外企工作模式，英文好，相信能较快融入外资银行的项目。

而 A 候选人，资历相对浅一些，对大型项目的把握还有一定距离，且一两年内有回老家发展的打算，可能不会工作长久。但是不可否认，A 候选人在银行项目上扎根多年，是一个有潜力的候选人。

招聘团队和 A 候选人反馈了用人部门的面试结果和决定，约定保持联系，并把 A 候选人简历放入公司简历库做好分类和标记。之后，A 候选人回到老家发展，而一年后 C 公司恰好在 A 候选人老家有项目经理空缺，招聘团队和 A 候选人联系，最后 A 候选人顺利通过面试，在老家加入 C 公司。

5.4 人才和人才需求的管理

人才是招聘里最重要的组成部分，我们在招聘环节里所有的研究、分析和行为，归根到底都是为了人才的最大化匹配。招聘需求不一定每天都有，但人才需求的管理要分配到日常工作中，只有这样，才能保证在招聘需求真正来临时，我们能够快速高效地把匹配的候选人挑选出来。

5.4.1 储备人才库存

储备人才库存可以看作人才空窗期管理的延伸，因为储备人才库存的范围要更广。

按照人才来源，我们可以把储备人才库存分为两大类：

内部人才：一个完善的企业组织，内部应该有合理的人才发展梯队和储备。对于同一个团队来说，自己内部一个完整的人才储备库，除了可以快速填补招聘空缺，还是一个激励在职员工发展的好方法。即使是同一个组织但不同部门的内部人才，也必然有更容易适应企业文化和融入团队的优势。

外部人才：顾名思义就是来自组织外的候选人。和内部人才相比，外部候选人在融入组织方面确实不占优势，但从另一个角度看，外部候选人更容易带来不一样的行业经验、视角和思维方式。

从人才来源分类来看，外部人才储备可以有以下几种来源。

员工推荐：这是组织里相对有效的人才收集和储备来源，而推荐来的候选人质量也相对比较好，是个应该利用好的来源。

具体招聘需求筛选：正如之前人才空窗期管理说到的，每次做具体招聘时，我们或多或少都能遇到一些各方面都不错的候选人，他们或者暂时不考虑新工作，或者暂时不适合目前要招的岗位，这些候选人都应该放在我们的人才储备库里。

平时的积累：善积跬步而至千里，招聘团队在平时应该养成积累优秀候选人的习惯，特别是组织里经常需要招聘关键的职位，现在未雨绸缪才能在将来事半功倍。

5.4.2　制定人才地图

人才地图即人才分布的地图，是针对某种岗位或某类人才，把目标公司或行业里备选的候选人的情况收集分析的过程。过去是猎头和咨询公司运用人才地图较多，最近几年各个组织和企业也开始重视起来，利用人才地图更高效地锁定目标候选人。

人才地图的好处不言而喻，它可以更有针对性地把目标候选人情况挖掘出来，提高招聘质量和速度，特别是中高级人才的招聘。在这个信息爆炸的时代，人才市场已经变成候选人市场，各个组织企业再也不能等着人才上门，走出去，主动找寻人才，才会有更大的机会挑选到目标候选人。而且，相比传统筛选手段，人才地图对于目标候选人的情况会有更深入的了解和把握，对于招聘准确度是一个很好的提升。要知道，招错一个岗位的成本是很高的。

那么，人才地图应该怎么制作呢？绘制人才地图可以分为四个步骤。

◆ 制定目标

我们为什么要制作人才地图？目标职位是什么？目标公司和行业是什么？目标候选人大概“画像”是怎样的？这些都是人才地图的基调，只有把基础固定打稳了，绘制出来的人才地图才不会跑偏。此外，我们需要在人才地图里得到候选人的什么信息？比如，薪资、岗位、部门架构、组织架构等，这些都需要在制定目标时就确定好。

◆ 制定规划

目标定好了，接下来就要确定一些细节，把项目框架搭出来。人才地图由谁来做，猎头还是招聘团队自己？猎头做的话需要多少预算，自己做的话需要多少人手？项目持续多长时间，分成多少个部分，具体每部分分配多少人手，谁是负责人，遇到困难如何解决？等等。

◆ 收集信息

框架搭好了，下一步就是把内容、目标行业、公司和候选人填进去，这个需要开发利用多个渠道来完成。目标行业的信息可以通过专业报告、媒体报道等来获得，目标公司的信息可以通过公司官方网站和公告、媒体报道、猎头等来获得，目标候选人的信息可以通过员工推荐、猎头推荐、公开招聘网站、社会招聘平台、招聘团队的人才储备等来获得。总之，尽量做到各个渠道齐头并进。

◆ 总结储备

信息收集后，需要有一个总结分析，提取对于招聘有用的信息，这个可以根据每个组织和企业具体的需求来制定。候选人信息是非常重要的人才储备，应该做好储备管理，以备将来的岗位需求。

【经典案例 9】

【案例说明】

D 公司是一家资产管理软件解决方案公司，为了扩大市场份额，公司决定开拓物流行业的客户，需要成立物流行业销售部，并聘请五个销售人员。

【案例解析】

物流行业是新拓展的行业，招聘团队之前较少接触这类候选人，公司简历库里也没有相关的候选人。在和用人部门沟通招聘需求后，招聘团队决定使用绘制人才地图的方法来找到合适的候选人，并建立这方面的人才储备。

招聘团队先和用人部门开会，听取他们对于物流行业和目标候选人的分析和期望，并请他们给出心目中候选人所在的目标公司。会后，招聘团队把这次绘制人才地图所需要拿到的信息列出来：

（1）物流行业目前的发展情况，资产管理软件在物流行业的发展情况；

（2）目标公司 A、目标公司 B、目标公司 C；

（3）各家目标公司里相关销售团队的组织架构；

（4）目标公司销售团队里销售人员的情况：名字、联系方式、工作年限、现在具体负责工作、是否对 D 公司职位有兴趣、目前薪资、期望薪资等。

确定目标以后，招聘团队决定由自己来绘制人才地图。由招聘经理作为项目经理，销售招聘专员作为团队成员。招聘经理把三家目标公司分派给三个招聘专员，设定以三周时间为限完成第一轮候选人筛选，并在每周二和周五安排碰头会，检查大家的进度，并解决大家遇到的问题和困难。

三周后，第一轮候选人筛选结束，一共收获 23 个候选人，其中有五个候选人符合条件且愿意尝试 D 公司机会，可以筛选进入下一轮面试。剩余 18 人的目标信息也基本收集完毕，分类后整理进公司简历库。

最后，由招聘经理总结和分析，介绍物流行业内资产管理软件情况，分析目前能够接触到的候选人情况，并向用人部门推荐五位合适的候选人。快速行动并及时找到优质的候选人，用人部门对招聘团队的执行力给予了好评。

第六章

深入招聘录用

6.1 理解并建立公司层面的招聘录用策略

◆ 岂止于“钱”

提到一个招聘录用书，大家首先想到的是“给多少钱”。一份良好的薪资固然是一个重要的衡量标准和选择工作的重要依据，但吸引人才的并不只有薪资，企业招聘者往往需要考虑到除了薪酬之外的诸多影响因素，紧密结合企业的战略文化和价值主张，从而形成一套系统全面的招聘录用策略，充分发挥激励和引导作用，最大限度地招聘人才，培养人才，激励人才，保留人才。

◆ 如何建立公司层面的招聘录用策略

招聘录用策略对企业意义深远，那么如何制定一份既彰显公司竞争实力又符合公司价值主张的招聘策略呢？

◆ 巧用马斯洛需求层次理论

马斯洛需求层次理论将人类的需求分为五种层次（如图 6–1 所示），像阶梯一样从低到高，按层次逐级递升，分别为：生理需求、安全需求、情感和归属需求、尊重需求、自我实现需求。正如员工价值主张指向展示的一样，每一个员工的基本需求得以满足后，将会更关心、更倾斜、更急切地追求下一个层次的需求认可，即自我实现，并持续产生持久和巨大的推动力。

图6-1　招聘录用策略——员工价值体系

◆ 所谓“全面薪酬”

（1）完善的薪资待遇

保证员工的基本生理需求、安全需求。

（2）精神层次激励

精神层次的激励是公司“全面薪酬”体系的重要组成部分，它建立在员工情感和归属、尊重以及自我实现上，是企业良性循环的关键。

（3）优越的工作氛围

此处的氛围包括物理氛围和人文氛围，即我们所说的企业文化、企业精神和企业价值观，舒适的工作环境会影响员工的工作满意度以及工作产出。

（4）个人发展平台

其一，满足员工自我发展的需求，适合的人做适合的事，适时给出一些挑战性的工作，激发他们追求成功和创作的发展动力。

其二，提供给员工完善的培训制度和职业规划，满足员工追求上进的需求。

综上所述，企业招聘者在实际工作中应深入分析企业内外部环境，结合并深刻理解马斯洛需求理论与企业薪酬的关系，对症下药、量体裁衣，围绕需求采取具有针对性的激励措施，善打“组合拳”才能制定出切实有效、决胜千里的招聘录用策略。

6.2 如何制定一个具体的 offer

一个科学合理的 offer 能够激发员工的最大潜能，帮助公司获取人力资源方面的竞争优势，为公司创造更大的价值；准确有效地分析 offer 制定中的一系列关键因素，才能更好地吸引、激励和留住公司所需要的优秀人才，使公司顺利实现战略目标，在市场竞争中立于不败之地。

6.2.1 经验值来自历史大数据分析

◆ “知己知彼”

为了保持公司的薪酬在市场上有一定的竞争力，公司每年都要关注同行业公司薪酬水平的变化，重点是为了平衡内外公平性，为把控成本、决定薪酬及内部薪酬调整等提供参考依据，更好地提升企业薪酬的竞争力和吸引力。为了确保调研结果的参考度，在开展同行业公司的薪资调研前，确定目标公司就变得尤为重要。那么，确定目标公司需要考虑哪些因素呢？竞争对手公司规模的一致性、内外部薪酬等级的一致性、薪酬结构各部分的一致性是我们要考虑的三个关键方面。

确定目标公司之后，如何获取市场薪酬数据呢？方式有很多。第一，同行薪酬调查：很多同行企业招聘者都会进行同行业薪酬比较；第二，专业机构的薪酬报告：很多大型企业、外资企业会雇用专业机构进行薪酬调查；第三，从公开信息中获取：在进行薪酬调查的过程以及日常工作中，时常注意同地区、同行业招聘信息的薪酬情况也是一个重要手段；第四，从候选人中获取：根据候选人的薪酬要求，也能对同地区、同行业的岗位薪酬有大致了解。

◆ 全方位“自我诊断”

阶段性进行公司内部薪酬分析能够及时明确公司在市场上所处的位置，一方面能为公司薪酬水平决策提供重要的参考依据，另一方面通过回顾分析确定目前公司岗位价值与薪酬是否合理。近年来，随着对企业招聘者职能的不断深入挖掘，参与薪酬体系建设成为传递招聘者专业价值的重要体现。

分析公司内部薪酬现状需要收集公司近一年薪酬的详细信息，根据若干报酬因素（通常包括受教育程度、职位等级、岗位职责、工作经历、核心技术难度等）进行汇总分析。

如公司内部薪酬水平低于市场水平，招聘者需要及时反馈并建议对公司现有员工的薪资按照绩效水平和在等级上的服务年限进行相应的调整。

◆ 公司薪酬策略是“指路灯”

市场薪酬和公司内部薪酬状况了解清楚之后，我们还要参考公司薪酬策略。市场上薪酬竞争策略一般有三种：领先策略、平均策略和跟随策略。如果公司有足够的资金实力，并且采取的是进取型企业战略，希望高薪吸引人才，可以采用领先策略，使自己公司的薪酬水平高于市场上大多数企业的水平。

薪酬分位值反映企业在市场中的薪酬水平状态，其分类如下：

10 分位值：表示有 10% 的数据小于此数值，反映市场的低端水平；

25 分位值：表示有 25% 的数据小于此数值，反映市场的较低端水平；

50 分位值：表示有 50% 的数据小于此数值，反映市场的中等水平；

75 分位值：表示有 75% 的数据小于此数值，反映市场的较高端水平；

90 分位值：表示有 90% 的数据小于此数值，反映市场的高端水平。

6.2.2 附加值来自对个人、职位及市场的判断

人才市场瞬息万变，深层次挖掘企业招聘者能力的需求刻不容缓，扎实的人力资源基础、敏锐的市场嗅觉、良好的咨询和组织谈判能力成为一个好的企业招聘者的必备条件。具体到一个 offer，对候选人的核心需求、职业规划以及对人才市场的了解成为制定一个全面科学 offer 不可或缺的组成部分。

制定 offer 是体现招聘人员附加值的一个重要环节，因为招聘人员在 offer 的制定过程中扮演着重要的角色：首先，招聘人员是在整个招聘流程中与候选人接触最多的企业人员，能最大限度地了解候选人的现状以及候选人的期望；其次，招聘人员对公司的薪酬策略以及福利政策十分了解，能对招聘录用书中的薪酬定位提出建设性的意见。

招聘人员在与候选人面谈的过程中需要深入调查与探究除薪酬之外能吸引候选人的要素，做到有的放矢。

了解候选人的离职原因。在跟候选人首次以及后续的接触当中，应当全方位、360 度，从细节层面去了解候选人目前的工作内容、环境、状态以及促使其离职看其他工作机会的原因。有可能是很直观的跟薪酬、升职有关的因素，也有可能是团队氛围，上级领导的处事风格，甚至有可能是工作时间太长，导致家庭生活时间压缩，也有可能候选人出于自我成长的需求寻求行业最新的领域，都需要一一去解读，判断我方企业能否解决候选人目前的困难，并利用公司的有利因素吸引候选人。

了解候选人对未来工作的期望。对候选人离职原因进行解读之后，需要进一步了解候选人对未来工作的期望，只要完美地解决了候选人目前工作上的困难之后，候选人就一定会加入我方企业了吗？不一定，也许候选人还有更深层次的期望。初级职位的候选人可能对职位发展空间、薪资福利等因素

比较敏感，招聘人员需要对业务部门以及薪资结构有详细的了解，以判断我方企业是否能满足这类候选人的需求。有的候选人在现在的工作岗位上做得得心应手，领导也很赏识，业绩蒸蒸日上，但还是会对目前的状态存有疑虑。结合前面章节讨论的马斯洛需求层次理论，抛开基本的生理需求、安全需求、社会需求和尊重需求，职位越高的人对自我实现的需求越渴望。因此，要结合候选人更深层次的需求，判断我方企业招聘职位的上升空间、影响力、可能的成就等因素能否满足这类候选人的心理需求。

了解招聘职位在市场中的定位。职位的市场定位包括一般的岗位职责、岗位薪水、职业发展方向，以及同种职位在市场上空缺有多少，有哪些公司设置了这些职位，这些公司给的薪水是多少。招聘人员可以在平常的招聘工作中收集这些要素，通过与候选人沟通、特定职位的市场调研、竞争对手调研等渠道日积月累。另外，第三方也会提供类似的市场报告，可以参考。只有了解了职位的市场定位，招聘人员才能在与候选人的沟通过程中有理有据，逐步为其设定合理的薪酬以及工作期望。

综上所述，我们制定一个具体的offer，既要保证它具有市场竞争性和合理性，还要保证内部员工的公平性。企业招聘者需要参考市场大数据，结合公司内部的薪资状况，以企业内部薪酬策略为基础，综合候选人核心技能、工作经历和职业规划，内外兼顾，刚柔并济，各种因素统一考量，做到“有数据、有逻辑、有科学方法”，保证公司在吸收“新鲜血液”的同时，兼顾公司内部员工的稳定性和积极性。

6.3　面对offer中的“谈价钱”

在客观真实地了解、把握求职者的动机和市场定位之后，终于到了正式“谈价钱”这场没有硝烟的战争的时候。首先，企业人力资源招聘者要有一个明确的认知，不论是谈薪水、谈情怀，还是谈发展，都更像是一场博弈，一场探寻彼此职业发展、优选实施最佳策略，并从中各取好处的博弈。其次，企业招聘者在招聘情景中的行为表现更像是完成一次营销的过程，成功地将人才招揽到公司。上文中有提到企业招聘者可以通过自身附加值先行判断求职者本身在市场的定位，了解到真正的动机需求后，企业招聘者需要分析出什么是求职者最渴求的，什么经验是求职者最希望获得的，什么是求职者换工作的核心痛点。正所谓知己知彼，企业招聘者即可有的放矢，将可提供的职业发展机会、企业核心优势、与求职者共同成长，共同实现价值的愿景，有组合有选择地呈现，结合成熟的谈判技巧可事半功倍，一场成功的招聘营销蓄势待发。

在与众多候选人面试或访谈中，问到换工作时最看重什么，招聘者常常可以听到的答复大多是薪水高、有机会学习一些新知识、尝试有挑战性的工作内容、升官发财，只有少部分人会为了改变世界、实现社会价值忽视上述基本因素。所以，在谈价钱情景中，到底谈些什么、如何谈是企业招聘者应该学习的。

◆ 钱 + 前程 = 谈薪水

发展和规划。企业招聘者在与求职者“谈价钱”时，应做到让求职者与企业达成目标共识，也可以理解成帮助求职者明确自身职业规划与企业发展规划在一定时期内具有一致性，然后在此基础上沟通职位技能和职业发展。企业招聘者可通过沟通分析求职者短期（一般是年度）、中期（通常理解是三年到五年）、长期（一般为八年到十年）职业计划，综合判断每个阶段企业与个人契合度。例如，求职者在短期内期望在职位级别上有所提升，那么企业招聘者应着重谈论此职位的晋升空间、求职者现阶段的经验不足之处、到达预期级别前所需直面的挑战及晋升过程中有机会接触到的新知识，帮助求职者更好地理解此职位与其自身发展的契合度，并为其中期职业发展提供长远指导。

薪水和福利。正如马斯洛需求层次论提到的一样，人们需要首先满足较低等级的需求（即生理需要、安全需要、感情需要）后才会产生追求较高等级的需求（即受人尊敬的需要、自我实现的需要）。所以，只谈理想不谈钱是无法将个人和组织两点联系起来的，要既谈钱又谈理想。此处的谈钱，可以广义地理解为企业可提供的所有福利待遇并不单指薪水。除了遵循企业薪酬政策，员工福利多种多样，良好的工作场所、舒适的工作环境、满足各种需求的培训分享、灵活的带薪年假病假政策、优质的补充医疗及体检福利、健全的奖金计划、以人为本的补助政策、公开透明的股票期权购买流程等。另外，许多跨国企业提倡工作和生活相平衡、企业多元文化包容性、女性员工领导力培养等，这些都是“谈价钱”强有力的后盾，企业招聘者很好地掌握和运用这些有形或隐形的福利，将十分有助于吸引人才，提高作为企业员工的幸福指数。

◆ offer 沟通技巧之步步为营

良好的心态。企业招聘者心态要积极淡定，在与求职者明确沟通情况的基础上，积极理解并给予建议，不急功近利，适时地与业务部门沟通获得支持。

及时跟进。每次面试或者谈话都及时确认求职者状态（有无新职位再谈）和意向明确度（每一次面试后对职位的兴趣度），每次沟通有无问题或障碍。

获取新思路。积极应对问题，运用自身附加值和资源解决问题。

不做传话筒。沟通过程中应注意对获取信息的取舍，有选择地过滤无用信息。注重沟通语气、角度、内容，尤其是业务部门参与其中时，更需要注重措辞，站在专业人力资源招聘者的角度传递信息。

沟通策略。企业招聘者应感同身受，从客观、利弊结合，正负面信息结合与求职者沟通。有时求职者也乐于与企业招聘者沟通行业现状，市场解读。

直面结果。招聘者应直面结果，此处并不等于要求在得知结果后立即做出反馈，沟通前应明确目的，预知每种结果的连锁反应。例如，当求职者决定接受 offer 时，招聘者应以坚定其信心、决心为目的，再次强调职位优势等“卖点”。相反，求职者直接拒绝接受 offer，招聘者应冷静分析问题症结和关键点，不急于下定论，结合所有客观因素判断是否有回旋余地，找寻相关人员如招聘经理、业务部门沟通，想出对策。

【经典案例 10】

【案例说明】

一家传统 IT 外资企业，招聘部门立足于公司业务合作伙伴角度，全方位地体现出企业招聘者对业务部门的价值，在 offer 候选人的过程中，企业招聘者不只是 hiring manager 的传话筒，他们有逻辑、有数据、有科学方法地制定合理的 offer package 并对内部薪资水平给出科学的建议，推动业务部门更多地与市场接轨，并与候选人进行深层次沟通，最终达成双赢的目标。

“花了两周多，面了这么多人，又笔试又电话面试的，终于找到我想要的‘他’了，可是，莫非是我 out 了？外面的世界真的变化这么快吗？这技术才是前几年流行起来的呀，怎么一下子市场上炒这么火？我想要的这个候选人要这个价，是真的物有所值还是狮子大开口呢？我得找我的企业招聘者去聊聊接下来我该怎么办。”

【案例解析】

××外资公司业务部门急需一名经验丰富的 Web 前端开发工程师。经过多轮面试，业务部门与企业招聘者终于在众多申请者中选定一名优秀的求职者准备 offer。该求职者非常优秀，在行业内有七年工作经验，曾服务于一家外资银行研发部，现任职于一家大型成熟互联网公司。该求职者对于所需核心 Web 前端开发技术有五年实际操作经验并对于 Web 端开发架构有自己独到的理解，在市场中属于一线核心人员。薪资范围在月薪 2.5 万至 3 万元，期望薪资在 40% 至 50% 涨幅。考虑到企业招聘者对于公司和市场有着全方位的理解和认识，业务部门经理向企业招聘者咨询如何制定一份科学全面的 offer 并且希望企业招聘者能对该职位在现阶段市场稀缺度及薪酬信息给予建议。

企业招聘者接到这样的咨询后，从全盘出发，多维度、全渠道地获取市场信息并结合公司自身情况进行有效分析，积极迅速地给出意见。

直面市场变化和抓取有效数据。第三方市场资料信息收集，如 Mercer、LinkedIn、Hewitt 等一些权威咨询机构发出的行业薪酬数据调查报告，抑或企业招聘者自身积累的行业认知。

例如，本文提到的前端开发工程师这一职位。在市场上，有经验的候选人多分布在新兴互联网公司。众所周知，互联网公司产品开发周期短、投入人力集中、结果产出快、薪水奖金丰厚、人员变动频繁，这就势必导致此类候选人在市场上十分紧俏，且随着经验值的增加，薪水亦会大幅度增加。从表 6-1 中可以看到，由 Web 前端—熟练升级到 Web 前端—高级，一线核心人员年度整体薪酬分布就很清晰明了地解释了“越来越贵的前端开发”从何而来，大多 Web 前端开发工程师跳槽薪资涨幅在 25% 至 45%。

表 6-1　越来越贵的前端开发

单位：人民币（薪酬数据以整数形式表示）

岗位名称	年度基本工资中位值	年度整体薪酬中位值	年度基本工资 75 分位	年度整体薪酬 75 分位	职业等级
Web 前端—经理	214000	253789	243678	293487	M2
Web 前端—高级	182370	230070	204576	251624	I3
Web 前端—熟练	127280	148525	134654	179326	I2
Web 前端—初级	90320	125060	124632	156789	I1

· 中位值：表示此职级市场有 50% 的数据小于此数值，反映市场的中等水平；

· 75 分位值：表示此职级市场有 75% 的数据小于此数值，反映市场的较高端水平。

表 6-2　公司估值：≤ 30million USD

单位：美金（期权价值 = 期权数量 × 最近一次公司融资每股价值）

岗位级别	中位值	75 分位	职业级别
第一批核心员工	200000	1600000	M4
中层管理人员	100000	260000	M3、I4
一线核心人员	20000	40000	M2、I3
普通员工	10000	18000	I2、I1

备注：

（1）统计过程中发现相邻级别重合度过高，故将两级合成一级呈现。

（2）期权统计数据只包括新入职员工。

两手抓、两手都要硬，发现内部问题及时给出建议。企业招聘者还要分析公司内部的薪酬状况，与业务部门经理沟通该团队内部现有核心竞争力员工分布，如员工的受教育程度、职位等级、技术掌握度、工作年限。了解到这些信息后，招聘者发现内部员工的薪酬水平与市场值存在着一定差距，及时对业务部门给出指导性建议：针对现有员工薪水现状与薪酬福利部门沟通，对优秀员工给予一定的薪水涨幅，避免与外部市场脱节。

综观全局，不忘把握细节。企业招聘者应与业务部门沟通获取此候选人业务能力在现有团队中的位置、业务部门录用候选人后对此人的产出有何等期待，如果此职位是处于人才预备梯队，或者是未来的技术负责人定位的话，即显示此人的综合能力就是比内部员工强，而培养现有员工迅速掌握 Web 前端开发核心技能也不是一蹴而就。针对该求职者 40% 至 50% 的涨幅要求，招聘者考虑到同等级别、同等职位的员工薪水在 1.5 万至 2.8 万元，且公司在市场中采取的是薪酬平均策略，50 分位定位。企业招聘者建议据公司薪酬策略包含的薪水范围给出一个合理、有竞争力的 offer 薪资为 2.8 万元 ×13 个月，外加一个月的绩效奖金。可以看出此 package 综合已有 40% 涨幅，在职场跳槽中已属较大增幅，具有较大的市场竞争力，从而帮助业务部门争取到此候选人。

【经典案例 11】

【案例说明】

一家 IT 服务行业外资企业，企业招聘者善于打“组合拳”，知己知彼，深入全面了解候选人境况，抓住对方核心需求，展现公司“全面薪酬”策略，深入挖掘企业的核心价值点，运用娴熟的谈判技巧，积极影响候选人接受 offer。

相信大家都听说过“雷尼尔效应”，这个词来源于美国西雅图华盛顿大学的一次风波。因为在华盛顿大学教书可以享受到这些湖光山色，所以很多教授愿意牺牲获取更高收入的机会。他们的这种偏好被华盛顿大学的经济学教授们称为“雷尼尔效应”。在现代企业中，该效应表现为以亲和的企业文化、良好的工作氛围吸引和保留人才。在企业招聘中，有时候也可以尝试着用“美丽的风光”来吸引人才。

【案例解析】

××外企打算在一线城市——北京招聘一个运维工程师，几轮筛选面试比对下来，对候选人 A 产生了 offer 的意向。该候选人持有 985 学校的硕士学位，有七年工作经验、四年运维工程师经验，并且有 ××公司要求的云平台运维经验，之前供职于某国属 IT 服务商。候选人 A 看机会的原因有三：第一，喜欢外企工作氛围，想从国企环境转换出来；第二，想进入大平台工作，在云计算领域深耕，已成为该领域专家，如果有机会希望带领团队，发挥自己的影响力，实现自我价值；第三，候选人A的家人和孩子在北京，且孩子刚满两岁，所以想找合适的工作机会回北京，并且目前手里有一个本土互联网公司的offer，薪资涨幅为30%。用人部门与招聘者通过综合评估候选人的面试表现以及过往经历和核心技术掌握能力，一致决定给候选人的薪水比本土的互联网offer略低，那么企业招聘者在薪资略低的情况下，怎么说服候选人接受本公司的offer呢？

准确判断谈判切入点——大公司平台和未来的职业规划。××公司在全球云计算领域名列前茅，并且公司内部正在大力扩展云计算团队，对外积极拓展新客户，发展前景非常广阔。同时，在团队扩展阶段，候选人会有很多机会进入领导梯队，参与团队建设与发展战略讨论。相较于互联网公司的机会，××公司平台更大，资源更多，并且能经常与国内外顶尖专家交流分享，获得第一手行业讯息，对候选人吸引力更大。

平衡工作生活，更多“人文关怀”。××公司为500强外企，以平等的上下级关系和紧密的团队关系著称。连续三年在中国赢得“最佳雇主”称号，在外企中拔得头筹。另外，该企业非常提倡工作—生活平衡，制定了一系列“弹性工作制”“在家工作”“带孩子上班”等支持政策，非常契合候选人的期望；公司带给你更多“安全感”，管理井井有条，明确的规章制度、简单的人际关系、扁平的公司架构、健全的福利保障制度，这些都会给员工强烈的职业安全感。另外，在候选人非常关注的工作环境、工作时间弹性以及发展机会等因素上做了详尽的沟通。

娴熟应用营销谈判技巧。企业招聘者保持淡定良好的心态，中立、客观、深入地分析候选人现状，平衡利弊，把准候选人关键动机，积极跟进更新候选人状态，积极预料各种问题并给出专业建议，态度诚恳并现身说法与候选人分享自己在公司的真实体验，与候选人建立可信任、专业的“知心朋友”关系。

通过几个回合的深切恳谈，候选人综合自己的切身利益，决定接受××公司offer。

第七章

精管招聘入职

7.1 入职管理的三个关键阶段

新员工的入职管理是员工管理的起点，也是员工管理的重要环节。做好新员工的初期管理，有助于新员工更快地融入新的企业及所在团队，也有助于员工与企业及团队成员之间的良性互动，同时可以降低新员工的流失率，提高团队的整体绩效，对公司与个人而言，都具有重要意义。

7.1.1 从确定入职到入职之前

1. 员工确认接受 offer 之后，人力资源部入职专员要尽快与其进行初次电话沟通，如确认入职时间、入职时所需提供的有关资料（如身份证、学历证书、学位证书、离职证明等）；同时，要说明在入职之前需要新员工配合完成的流程，并且询问其是否需要其他协助（如是否需要使用班车），让员工感觉到公司管理专业化的同时，感受到家的温暖与关爱，使他在入职前就能感受到公司的工作风格并充满期待。

2. 入职专员还要将新员工信息提前以 report 形式通知其他各职能部门，从而对接好相关事项。report 应涵盖入职日期、办公地点等基本信息，各职能部门据此落实好新员工座位、电脑、邮箱及工牌等安排。如新员工因故不能如期入职，入职专员应在得到消息的第一时间通知招聘专员等相关人员。

3. 在新员工配合完成一系列准备工作后，以邮件方式通知其入职时间、地点，需要携带的必备入职材料及入职当天的日程安排，在得到对方邮件确认后开始准备相应文件的打印，包括劳动合同、工时制确认书、无犯罪记录声明及知识产权保密协议等。另外，为了提供更好的入职体验，且方便新员工在入职当天能很好地投入工作，还可以在入职之前为每位新员工准备一份公司 logo 产品作为入职欢迎礼，包括环保手提袋、签字笔、笔记本等。同时，保持入职场所的环境整洁也是尤为必要的。

7.1.2 入职当天

新员工往往会在入职当天的几个小时或一天之内形成他们对公司的认识和评价，这个认识和评价将直接影响到他以后的工作和人际关系，所以在这个时候新员工和入职专员都应给对方好的第一印象。在新员工自己努力融入这个新的公司的过程中，入职专员也应对他们进行主动的接纳。人力资源部是新员工进入公司首先要接触的部门，因此人力资源部在新员工入职管理中责无旁贷，需将新员工顺利导入现有的组织结构和公司文化氛围之中，消除其对新环境的陌生感，使之尽快进入工作角色。

1. 准时前往前台迎接新员工并接引至入职会议室。

2. 按照入职流程办理入职手续：核对必备入职材料，签署劳动合同等文件。在办理入职手续时，要做好新员工的疑难问题解答，帮助新员工加强对公司及相关制度的了解与认识。

3. 负责办理入职的现场工作人员给新员工讲解社保，即五险一金缴纳的相关问题并填写社保材料。

4. 指导新员工领取工卡及电脑等固定资产和必备的办公用品。

5. 向新员工介绍工作环境，楼层安排及园区建筑，尤其是午餐的选择（包括就餐时间及常见的就餐地点等），从而结束上午的入职安排并预告下午的入职培训。

6. 组织新员工参加新员工入职培训。

7.1.3 入职后的前 100 天

◆ 入职初期的电话会议

新员工一般在工作初期对公司及工作不熟悉，会有不同程度的焦虑和紧张感，并最终影响到工作的绩效和表现。而且公司规模越大，这种不熟悉及焦虑所带来的困惑及问题就越多。所以，新员工能否安心并较快地适应环境，很大限度上也取决于公司能否帮助和引导他们解决这些困惑和问题。入职专员会在入职后两周之内组织一次电话会议并邀请新员工参加，在会议上着重介绍公司的各种政策及其网页链接，并对新员工可能关心的重点议题做进一步介绍，如薪资福利问题、假期问题、出差流程等，以帮助他们在遇到困惑时能找到渠道，获得协助；同时，在这次会议上，入职专员会对新员工遇到的问题做收集并在会议后做跟踪处理，确保新员工感受到来自新公司的关注与关怀。

◆ 入职初期的课堂培训

包含对公司价值观、文化、行业环境、商业策略以及内部工具、流程的介绍。课堂上，不仅有资深培训讲师主持，还会邀请各部门高管做欢迎致辞，分享自身的经历和经验。在一些入职量较少、无法开展面对面课堂培训的国家，会采用虚拟课堂的形式来完成培训。这种虚拟培训也已经在许多地区，尤其是南美的一些国家，得到了成功的实践。

为期100天的线上课程是对初期课堂培训的一个延续，里面包含的都是对重要话题、工具的详细介绍，并且可以由员工自主、灵活地掌握学习进度。通过这一阶段的进阶式学习，新员工能够对公司的架构、价值观、流程、文化、工具、职业发展等有更深入实际的理解。这一系列的学习也很好地强化了员工对公司“基于价值观”的行为指南的认识，知道什么样的行为是妥帖恰当的，也能知道从哪儿可以找到辅助工作的资源。并且系统每个月都会有总结报告自动发送给员工及经理，以便问题能够快速得到解决。这样打磨出来的员工，对公司的业务和战略方向都有很深入的了解，在本职岗位上，也往往具备“落地就起跑，挽起袖子就能上”的能力。工作效率和创新结果都是显而易见、有目共睹的。

7.2 入职的重点信息审核

7.2.1 入职前

新员工需要在公司系统中在线完成一系列信息的录入与确定，包括《新员工个人信息表》、健康声明、商业保险受益人指定等。在新员工入职日之前，入职专员需要在系统中确认以上工作已完成。

7.2.2　入职当天

表 7–1　入职当天的重点信息审核

证件类型	审核要点
身份证（外籍新员工为护照）	必须在有效期内，收取复印件
学历证书及学位证书	查验原件，收取复印件
离职证明	由上家公司盖红章，在上家公司的离职日必须早于本公司入职日，收取复印件
工作证与居住证（仅限外籍员工）	收取复印件

7.3　劳动合同的签署

劳动合同用于确立新员工与公司的劳动关系、明确双方权利和义务，是今后用以处理日常工作及辞退纠纷的重要依据，必须认真对待。劳动合同应该在新员工提交所有必备入职材料后交给新员工看阅，入职专员应该就劳动合同的每一项条款与新员工一一确认，留一定的时间进行沟通，达到有效沟通、协商一致的目的。需要确认的重点如下：

1. 劳动合同的甲方及乙方；
2. 劳动合同生效日期及有效期；
3. 是否有试用期及试用期时长；
4. 工作岗位及工作地点；
5. 工作时间；
6. 工资及其他奖金确认；
7. 劳动保险、福利与劳动保护；
8. 劳动合同的终止与解除；

9. 劳动合同附件。

在签署劳动合同时，应当注意必须由新员工与人力资源入职专员双方在场时当面签字。盖章要做到有公司红章、公司授权代表签字章、日期章，每页还应有骑缝章。这样确保书面合同签字的真实性和有效性，以防被篡改。最后将两份劳动合同，一份交给新员工保管，另一份公司保存并由入职专员及时归档。

7.4 入职法律风险防范

公司招聘员工是需要成本的，如果招聘过程不够谨慎，会给公司造成更多成本。更重要的是，如果招聘时不小心招到不是“自由之身”的员工，还有可能要赔偿其他用人单位的损失。因此，招聘时的审查是十分重要的。具体而言，审查的内容及可能存在的风险如下：

1. 基本信息是否真实

学历、工作经验等是决定一个人工作能力的基础。欺诈的员工的工作能力一般来说都是达不到用人单位要求的。虽然公司可以与欺诈的员工解除劳动合同，但在解除合同前对欺诈的员工支付正常的工资，公司却没有收获相应的工作成绩，这本身就是一种偏高的成本。因此，入职时要认真核查新员工的基本信息。实践中，本公司是让参加招聘的员工入职前在系统中填写员工信息，上面的基本信息等都由员工本人亲自填写确认，并注明以上填写内容真实，否则承担不利后果。

2. 是否与其他用人单位存在有效的劳动合同

《劳动合同法》明确规定，公司招用尚未解除劳动关系的劳动者，给原用人单位造成经济损失的，该公司应依法承担连带赔偿责任。因此，公司在招聘新员工时，需要查验其是否还存在有效的劳动合同，通常采取的方式是要求新员工出具前一个用人单位的离职证明书或者终止劳动关系等证明。如果员工确实无法提供，也须要求其签署承诺书，承诺没有与其他单位有未解除的劳动合同。

3. 是否与其他单位有竞业限制义务

对于那些在之前单位的技术型岗位、管理岗位和掌握企业秘密的岗位的新员工，可能与单位之间签订了竞业限制协议或条款，公司在招聘时要注意审查其是否有与原单位签订竞业限制协议或条款，是否还负有上述义务。如果公司招用的员工对原单位负有竞业限制义务，原单位有可能提出该员工泄露了其商业秘密并给其造成了损失，就有可能将员工与新公司一起告到法院，新公司就要受到牵连。因此，公司在招聘时可以通过查阅员工与原单位签订的劳动合同，也可以让招聘员工写下保证书，保证其不负有保密和竞业限制的义务，否则责任自负。如果新的公司被原单位起诉，在有员工保证书的情况下，新公司就有可能免责或承担较轻的责任。

4. 年龄是否达到 16 周岁或超过法定退休年龄

查验身份证，如果超过法定退休年龄，则与用人单位是劳务关系而不是劳动关系。如果招用了未满 16 周岁的员工，则有可能面临行政处罚甚至刑事责任，或签订无效的劳动合同。

7.5　新员工入职培训

新员工入职培训无论是对企业，还是对员工个人，都至关重要。俗语说，“铁打的营盘，流水的兵”，曾经的军营用语很好地体现了现如今企业面临的员工流动性强的特点。特别是随着社会政治经济环境的日臻成熟，人才流动越来越成为企业关注的问题。在新员工群体中，人员流动的现象也比较普遍。调查显示，86% 的新员工会在入职六个月之内做出是否留在公司的决定，而一场真诚的、关注新员工情感和知觉体验的入职培训会影响 69% 的新员工，让他们感到被欢迎、被重视，以企业为傲，更愿意与企业一起创造未来。还有调查说明，那些在入职两周内就接受了入职培训的新员工，其中有 54% 会比那些较晚接受或根本没被安排培训的员工有更高的满意度与敬业度结果，进而加快融入企业的节奏，提高工作绩效。由此可见，成功的新员工培训在留任人才方面可以起到显著效用。

另外，正是通过新员工培训，将员工从社会人转变成为企业人，从企业外部融入企业内部，成为团队的一员。在培训期间，新员工感受到的企业价值理念、管理方式也会直接影响他们以后工作中的态度、绩效和行为。成功的新员工培训可以起到传递企业价值观和核心理念，并塑造员工行为的作用，它在新员工和企业以及与企业内部其他员工之间架起了沟通和理解的桥梁，并为新员工迅速适应企业环境、与其他团队成员展开良性互动打下坚实的基础。

那么，作为企业的招聘部门，应该怎样做好新员工的入职培训管理，给员工带来前所未有的惊艳的入职体验呢？

7.5.1　要关注直觉感受，让员工感到被欢迎和重视

新员工接受企业的 offer，愿意加入企业，就说明对企业是认可的，也是有期待的。人都是感情动物，如果新员工觉得自己只不过是企业中的普通一员，他们就倾向于像普通的员工那样行事。相反，如果新员工一开始就觉得备受欢迎和重视，就更有可能为企业创造价值。从这个角度出发，邀请资深高管做欢迎致辞，分享自身的经历和经验，安排部门全员欢迎会、聚餐，直接上司与员工单独沟通，帮助其了解部门情况、工作目标，并了解新员工的专业能力、家庭背景、职业规划与兴趣爱好等，都是很好的打造欢迎氛围的方法。

7.5.2　要肯定员工的选择及必要性，激起员工的参与感及企业荣誉感

新员工选择一家企业，必定是深思熟虑之后的选择，入职培训中，一定要向新员工传递这样的信息：加入公司是正确的决定。你的加入令公司增光，也是值得公司骄傲的地方。人都希望能生活得有意义，也希望自己与众不同。要让员工知道他们的贡献对企业是多么的重要，相信正是自身的作用使得企业表现得更加出色。调动员工的主观能动性是培养员工敬业度最有效的方法之一，因此企业一开始就应该举例说明员工是如何做出有价

值的贡献，如何得出产品和流程改进的新想法，以及管理层是如何重视和使用员工的反馈信息的。除此之外，要向员工阐述企业的使命和该使命在日常工作生活中的意义，向员工表明他们是值得以企业为傲的；也可以通过与员工分享那些企业创造出的奇迹、使企业与众不同的辉煌故事激发员工对企业的自豪感。

7.5.3　要从新员工的角度看问题，设身处地设计入职培训

新员工培训要根据企业自身的具体情况和新员工的特点，从新员工的角度来设计有效的入职培训项目。举例来说，很多老员工认为再简单不过的事，对新员工可能就是很大的负担，会让他们感到十分不安。从新员工的角度来看待他们的经历，有助于在设计员工培训时融入一些原本认为并不重要的细节。比如，“我从哪儿可以领到文具”“班车路线及发车地”“各种术语都代表了什么”“日常交往都应该怎么称呼”等这些问题都不是什么大事，但却最有可能给新员工带来无处发问或不好开口的困扰。这方面可以多探索员工的反馈，和那些在公司服务已有一段时间的员工交流，听听他们的声音和改进意见。要了解他们需要但未得到的信息，了解哪些信息容易得到、哪些信息不容易得到，然后加以改进优化。

7.5.4　要增加互动，争取员工的主动参与

企业在新员工培训上的一般做法是把员工集中在课堂上，由培训师将设计好的课件资料一页页地对员工讲，这种做法像工厂流水线，往往是千篇一律，使培训常常流于形式。对于当下职场的主力军，崭新升起的千禧一代，这样的培训方法是绝对要不得的。互动式的入职培训，其核心内容是“从沟通中体会领悟”，而不是单纯的“记忆知识”，培训师的作用减少，取而代之的核心是员工。这样的方式不仅能让员工愉快地学习，也能取得更好的效果。与此同时，互动式的入职培训是一项行之有效的团队建设活动。新员工在入职培训中结识的伙伴往往来自多样的背景，而这些人脉关系会成为员工整个职业生涯中非常宝贵又独特的资源。

7.5.5 要细分加统抓，帮助员工见小又见大

理解企业全局在保证员工产出方面发挥着重要的作用，所以，新员工入职培训，首先应该包括常识性培训，即对员工进行企业发展历程、企业文化、管理理念、组织结构、发展规模、前景规划、产品服务与市场状况、业务流程、相关制度和政策及职业道德教育的介绍、讲解和培训，使其可以全面了解、认识企业，激发员工的使命感，也使员工更倾向于从公司的角度思考和行事。

与之相应的专业性培训当然也必不可少。一般包括对员工所在具体部门的结构、部门职责、管理规范、基本专业知识技能、工作程序与方法、关键绩效指标等的介绍、讲解和培训。在这个过程中，部门负责人要向新员工说明岗位职责的具体要求，并在必要的情况下做出行为的示范，指明可能的职业发展方向。

结合以上两点可以看出，新员工入职培训不单是招聘部门的事情，对于新员工培训，一定要明确人力资源部、高层管理者、岗位所在部门负责人、相关部门负责人的职责划分，明确不同内容的责任主体，多部门共同参与，用做项目的方法和态度来实践。

7.5.6 要授人以渔，培养员工持续学习的能力

企业所需求的技能是可以习得的，但也是随时会变化的，与其在技能需求发生改变的时候淘汰现有员工后重新招聘，不如提高对人力资本持续增值的重视，为员工提供持久而丰富的培训与学习机会，帮助员工与企业共同成长。换个角度来看，在当今的知识经济时代，科技发展日新月异，新观念、新技术、新知识层出不穷，只有学习型的企业才能提供良好的学习氛围，为员工提供适用的学习内容和学习方式，并促使员工将学习的成果应用于工作，从而收到良好的学习效果，使其愿意持续学习。

总而言之，新员工进入公司最初阶段的成长对于员工个人和企业都非常重要，而新员工的成功培训离不开每一个细节的精心筹划。成功的新员工培训是招聘管理的重要一环，为员工顺利融入企业，进而选择长期发展打下坚

实的基础！

【经典案例 12】

企业实施并购后如何进行有效的入职培训

众所周知，在成功的并购案中，资本重组与交易完成只是第一步，更重要的是并购后进行多维度的业务的重组、品牌的拆分与合并以及企业文化的融合。其中，员工作为最重要的企业资产，如何通过有效的入职培训消除他们的不适感、加速提升被收购企业员工的融入感，相对而言有着更大的挑战性。

基于本案例，新员工入职培训更加侧重于两个方面：内部协作与文化融合，这个过程将会对新员工产生非常积极的影响。

◆ 内部协作

为新员工提供合理的培训空间和有效的培训工具，将会给其留下舒适、深刻的第一印象。财务、信息、合规以及人力资源部门要充分地协同合作，做好这部分的幕后工作。完善培训前的“Check-List”，并在培训前一天与相关员工进行充分沟通，使新员工对培训的内容有一个清晰的了解。

◆ 文化融合

任何一名由小型公司加入更大的、具有高度矩阵化组织结构企业的员工都需要时间来吸收和消化其间的差异性，入职培训的一个重要目标就是加速这个过程。

首先，需要将制药企业与被并购生物技术公司的文化差异进行标注与比较，将两者差异比较大的关键部分对新员工进行充分的解释与说明。

其次，举办两场“文化交流会”。在第一次会议中，邀请在并购前期参与 Due Diligence（尽职调查）的员工分享他们在制药公司的工作经验，讲述他们自己的故事（之所以邀请这些员工，是因为在并购过程中，他们已经与新员工进行过比较深层次的交流，这可以充分消除新员工的陌生感，更加有效地完成“破冰”的过程）。

第二次会议则邀请几位资深的制药企业领导人，与新员工共同开启制药企业的文化之旅。他们会为大家讲述制药企业的历史、现在以及对未来的展望。两次会议都提供问答环节，使新员工有机会与管理层进行深层次的交流。

在整个培训的过程中，On Boarding 团队依据新员工在培训时的状态与表现及时进行相关的评估，这也从根本上提升了整个培训的价值。

第三篇

招聘流程的设计与实施

第八章

招聘流程的设计

8.1 始于招聘计划，从公司到个体

招聘计划是人力资源部门根据用人岗位的需求，结合企业的人力资源规划和职位设置，明确一定时期内企业需招聘的职位、人员数量、资质要求等因素，并制订具体的招聘活动的执行方案。很多因素都有可能影响到企业用人需求，一般可分为企业内部因素与市场外部因素两方面。企业内部因素涉及战略规划、科技发展、组织架构和生产力等。市场外部因素，包含经济发展趋势、商业周期等。就像在快消零售业中，盖璞、玛莎等公司通常在每年黄金周和假日期间需要大量的短期工支持零售业绩。

怎样准确预估企业用人需求的“质”与“量”是做好招聘计划的关键。准确预估用人需求的量，可以通过统计学与数学原理做趋势分析。可按月、季度、年分析各用人部门的招聘需求，推断出未来用人需求量。根据企业人力资源战略方向，以及部门发展需求准确预估新员工资质要求。

外国学者 Bohlander 和 Snell 在《人力资源管理》一书中指出，预估企业用人需求应合理调节业务部门用人需求以及企业内部招聘能力，从而准确推算出企业各岗位用工类型的需求量。

通常来说，估算用人需求应考虑企业内部的业务需求、经济状况、科技能力、财政资源、矿工与员工流动率、组织增长、管理观念，并运用趋势分析、管理估计、德尔斐技术等方法进行。招聘能力应考虑到市场人口学变化、劳动力教育程度，人员流动，地方政策与失业率，结合企业人员配置表，市场分析，技能量表，管理人力储备，接替计划给出合理分析。在平衡岗位用人需求与招聘能力的基础上，招聘计划应该具体落实到每一个用人岗位上。

8.1.1　招聘计划的制订

做招聘计划并不复杂，通常招聘计划把招聘部门、岗位、教育程度、综合素质要求、专业技能要求、工作经验年限、数量要求用表格统计出来。在制订年度招聘计划之前，人力资源部要对企业各个部门的人员需求做一个全面的统计，对于空缺岗位以及需要储备人员的岗位进行前期整理收集。同时应与用人部门主管进行沟通，了解所需人员的数量、性质、要求以及专业性。并结合企业商务需求及战略发展的需要，结合往年招聘专业经验对企业各个用人部门的需求人员招聘数量、招聘岗位、招聘要求做出详细的设定，从而形成完整的招聘计划。招聘计划可以顺利实施的关键是在实际操作过程中，及时调整满足企业人力需求。

一个完整的招聘计划需涵盖以下部分。

◆ 招聘的原因、目的、目标

招聘原因大体上可分为：业务发展需要增加编制、储备人才与离职流失补缺。只有在明确招聘原因后，才能准确地锁定招聘目的与目标。

◆ 招聘的职位、人数

计划招聘人数须具体到每一个用人岗位上，并需要结合招聘进度与需求变换定期检阅、实时调整。

◆ 招聘的渠道

应根据以时间为横轴，以招聘量为纵轴的招聘需求量，合理配置招聘渠道（如报纸招聘广告、网络招聘平台、大型招聘会、资深猎头、员工推荐等）。

◆ 招聘的时间以及完成时间

根据岗位需求并结合招聘经验与用人部门确定新员工到岗时间。

◆ 招聘职位描述、职位要求、薪酬待遇

根据用人部门需求，制定职位介绍和岗位工作范围、职责要求、资质需求以及薪酬福利标准。

◆ 招聘的费用预算

通常招聘费用预算会以财务年为单位计算，并根据招聘需求量分配到各个季度、每个月以及每一个单一岗位所需要的平均招聘费用。

8.1.2 招聘计划的审核

招聘计划审核的主要目的是明确用人部门招聘需求的合理性，同时，招聘计划的审核也是企业严格控制人力成本的关键举措。审核流程可参见招聘计划审核表。

招聘计划的审核内容如下：

招聘职位细节：包含如职位编号、职称、雇佣类型、招聘数量、资质要求、职位类别、级别、职位描述、所属部门等信息。

招聘地点：涵盖国家、地区、城市，是否为远程办公岗位、是否属于与其他地区共享岗位、所服务子公司信息。

招聘公示信息：公示国家地区以及公示渠道（如网络、猎头等）两方面。

职位资质要求：包含岗位必要资质、岗位优选资质、岗位必要学历、岗位优选学历、能力要求与出差比例等信息。

招聘岗位所在部门信息：所属行业、业务部门、业务部门代码、组织代码等。

甄选条件：包括是否安排笔试、逻辑测试、业务能力测试、性格分析、语言测试等。

审批条件：上级批复负责人 / 部门信息，财务审批负责人 / 部门信息，以及其他需要通知负责人 / 部门信息。

财政支持信息：财务拨款部门信息，是否为客户承担费用岗位等信息。

其他注意事项。

表 8–1　招聘计划审核表

招聘需求审批流程	文件编号	××××	版本编号 ××××
招聘部门	**实施日期**	**年 / 月 / 日**	**页码 ××**
责任人 / 部门	**运作流程**	**输入 / 输出**	**说明**
用人部门 用人部门上级经理 用人部门财务主管 招聘部	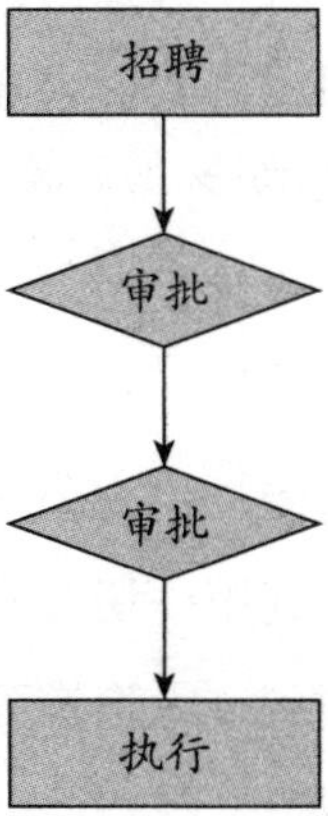	年 / 季度 / 月用人计划职位说明书、招聘需求申请表	1. 用人部门根据岗位招聘计划提出招聘需求并填写招聘需求申请 2. 用人部门业务上级经理审核并批准招聘需求 3. 财务主管部门确认招聘需求，并保证财务支持 4. 招聘部根据招聘需求申请表启动招聘流程，在适当的招聘渠道中发布招聘信息

8.2　招聘的五大步骤

8.2.1　明确的职位描述

主要包括工作名称、工作职责、任职条件、工作所要求的技能，工作对个性的要求也可以写在工作说明书中。从大方面来划分，即包含：岗位职责和任职要求。

岗位职责：反映的是一个岗位所要求的需要去完成的工作内容以及应当承担的责任范围。

任职要求：指的是完成该职位工作内容所要求的最低任职资格及在此基础上能够具备的理想条件。它由两部分组成：行为能力与素质要求。行为能力包括知识、技能和经验等；素质要求则是指任职人员的个性、兴趣偏好、价值观、人生观等。

工作说明书描述的对象是工作本身，而与从事这项工作的人无关。现在很多企业在职位描述中也会有详细的公司和业务部门的介绍以及公司招聘政策的相关信息从而更好地推广雇主品牌以及弘扬公司文化。

8.2.2 细分的渠道选择和相应审批

职位公示渠道包括内部渠道、外部渠道两大方向。内部渠道主要有企业官方招聘网站和员工人才推荐项目两大组成部分。企业官方招聘网站公示职位成本最低，是很多企业默认职位公示渠道之一。通常审批手续也最简短。但由于企业官方招聘网站受众人群有限，很难吸引多样性的申请者，通常需要结合其他渠道一起做职位推广。

公司内部员工人才推荐项目可激励全体员工为公司推荐优秀人才，提高公司招聘工作的及时性和匹配度，并充分利用一切可利用的招聘资源满足各部门的用人需求。员工人才推荐项目应做到，无论推荐人职位高低，招聘部门须平等对待被推荐候选人，并以公司标准招聘流程综合评估，择优录取。

表8-2　员工人才推荐项目推荐表

编号／日期

被推荐候选人姓名		
被推荐候选人电子邮件		
被推荐候选人编号		
推荐员工姓名		
推荐员工电子邮件		
推荐员工编号		
推荐日期		
推荐职位编号		
被推荐候选人确认准许	签字：	日期：
推荐员工确认准许	签字：	日期：
用人部门负责人审批结果	签字：	日期：
员工推荐计划项目负责人审批结果	签字：	日期：

注释：

被推荐候选人姓名，需与公司 HR 系统保持一致，不得使用非官方姓名、昵称等。

被推荐候选人电子邮件，私人电子邮件为后期确认跟踪提供便利。

被推荐候选人编号，是被推荐候选人在员工人才推荐项目中的唯一识别号。

推荐员工姓名，需与公司 HR 系统保持一致，不得使用非官方姓名、昵称等。

推荐员工电子邮件，公司电子邮件为后期确认跟踪提供便利。

推荐员工编号，员工号。

推荐日期，单一职位第一次推荐日期。

推荐职位编号，与职位公示中职位编号一致。

被推荐候选人确认准许，被推荐人同意由推荐人推荐。

推荐员工确认准许，推荐员工确认推荐。

企业外部渠道主要包含社交网络，传统招聘网站以及猎头。通常社交网络与招聘网站的服务都是以年费形式结算，在招聘中应在合同允许范围内发挥渠道的作用。而猎头渠道的使用，往往需要更高的成本，所以在审批流程中需要详细阐述业务需求以及财务状况，详见《渠道申请表》。

《渠道申请表》

人才搜索策略　□猎头

□专业代理机构

□经营管理机构

预算经费：________________

货币单位：________________

业务需求：

费用信息：

国家代码：________ 部门代码：________

审批流程：

业务上级负责人/部门：________ 日期：________

财务负责人/部门：________ 日期：________

8.2.3 候选人的申请、甄选、推荐和留存

作为申请流程的第一步，职位申请表是高效甄选候选人，提高甄选效率的基础。职位申请表应该至少包含候选人基本信息、联络方式、学历、工作经历以及企业所需要获取的其他信息。

◆ 笔试成绩、面试评估表及其他测试结果

笔试可在应聘者简历通过甄选后邀请参加，通常有现场笔试和线上笔试两种形式。无论集体笔试还是单独笔试，招聘企业都可以邀请应聘者到企业办公场所参加。随着网络的普及，越来越多的企业倾向于使用线上笔试系统对应聘者进行考核。线上笔试系统可以在一定期限内保存考试结果，方便查询。笔试内容可分为逻辑分析、性格测试、业务考核三个方面。

在每一轮面试结束后，面试官都应该对应聘者进行面试评估，评估结果保存在应聘者申请材料中。通常，面试评估表应该记录应聘者基本信息、面试日期、面试官信息、专业技能评估、沟通技巧评估、语言水平评估以及录用评估意见。

◆ 面试评估表

所有应聘者信息，包括但不局限于职位申请表，个人履历、笔试成绩、面试评估表等招聘信息也应妥善整理归档。对通过笔试及面试但未能成功聘用的候选人，建议单独存放其申请材料。招聘部门可根据公司用人需求对这一重点梯队的候选人定期回访追踪，以便在恰当的时机可以继续完成录用。

8.2.4　offer的制定和审批

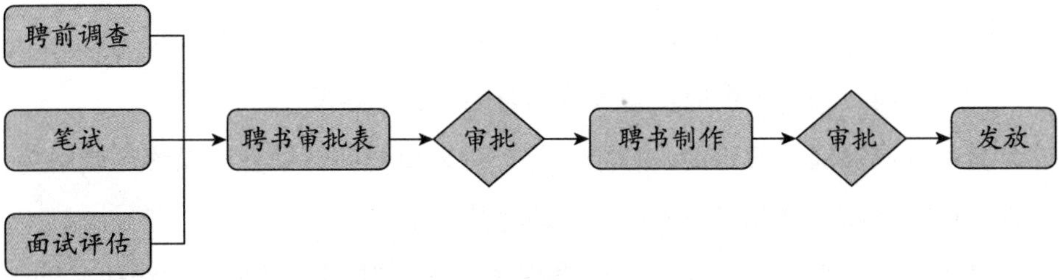

图 8-1　聘书的制定和审批流程

◆ 聘前调查

在决定聘用之前，除了审核应聘者的职业技能资质还应做相应的聘前背景调查。背景调查内容可根据业务需求由公司统一制定。也可根据岗位与客户要求，对特定岗位安排特定的背景调查。例如，金融保险业通常需要从业人员通过信用调查、药物调查等。聘前调查包括：政府背景调查、返聘调查、竞业禁止调查、有无犯罪记录调查、学历调查、身份及就业资质调查。

◆ 聘用书审批表

敏感员工个人信息和敏感商业信息等均包含在聘书审批表中。通常，招聘部门会根据用人部门的雇佣意见辅助用人经理完成聘用书审批表。聘用书审批表须包含职位信息、基本薪酬信息、附加薪酬信息、工作地点、入职信息、基本福利与特殊福利信息。根据企业运营模式，聘用书审批表可由用人部门上级负责人／部门，人力资源主管部门审批。建议至少经两级审批。

◆ 聘用书制作

招聘部门根据聘用书审批表并结合雇佣类型，在审查核实候选人其他信息后，制作聘用书。由于聘用书中包含大量商业敏感信息，必须经二级审查后才可申请签字或盖章。聘用书须符合《中华人民共和国劳动合同法》，具备以下条款：

（1）用人单位的名称、住所和法定代表人或者主要负责人；

（2）劳动者的姓名、住址和居民身份证或者其他有效身份证件号码；

（3）劳动合同期限；

（4）工作内容和工作地点；

（5）工作时间和休息休假；

（6）劳动报酬；

（7）社会保险；

（8）劳动保护、劳动条件和职业危害防护；

（9）法律、法规规定应当纳入劳动合同的其他事项。

劳动合同除前款规定的必备条款外，用人单位与劳动者可以约定试用期、培训、保守秘密、补充保险和福利待遇等其他事项。

聘用书一式两份，员工与企业各保留一份。聘用书是重要的法律文件必须与员工其他重要文件一起整理归档保存。

8.2.5 入职管理

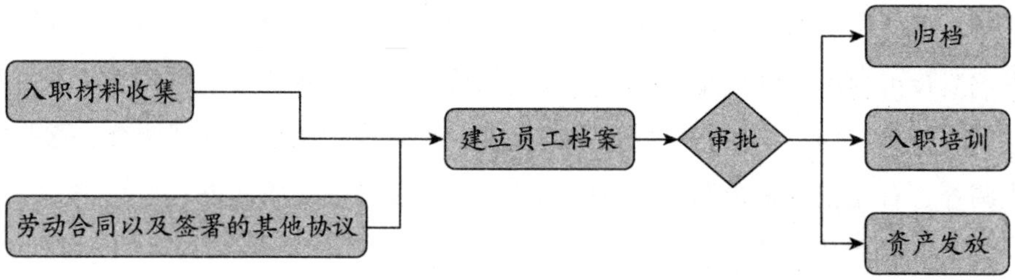

图 8–2 入职管理流程

新员工入职管理包括入职材料收集、劳动合同以及签署的其他协议、建立新员工档案、入职培训与资产发放四部分。

◆ 入职材料收集

在新员工入职前，企业应提供入职材料清单，以便新员工在入职当天可及时提交所有文件，顺利办理入职，入职清单范例如下：

- 新员工个人信息登记表
- 身份证
- 毕业证和学位证复印件
- 劳动合同与工时制确认书
- 离职证明原件
- 其他材料与证明

◆ 劳动合同以及签署的其他协议

入职当天，人力资源部门应在第一时间组织新员工签署劳动合同以及其他协议，并与入职材料一起建立新员工档案。在组织签署过程中，入职负责人应详细讲解所要求签署的各个文件并及时解答新员工提出的问题。

◆ 建立新员工档案

新员工档案应该至少包含新员工入职材料、劳动合同与企业要求签署的其他协议或声明，在新员工入职当天建立，并审核归档。如新员工所提供的入职材料不能通过企业审核，入职负责人应该与新员工沟通，更改入职日期。新员工在入职材料通过审核之后方可办理入职。

◆ 入职培训与物品发放

新员工入职培训应安排在入职当天，为新员工讲解企业制度，介绍工作环境以及与工作相关的一切事宜。同时在组织新员工领取物品（如员工卡、办公设备等）之后，引领新员工向用人部门或经理报到。

8.3　确定核心流程及管控点

招聘对于企业发展有着至关重要的作用，因为高效、科学的招聘不仅有利于提高企业竞争力，而且有助于尽快实现企业业务需求与战略目标。为了保证招聘工作的科学规范，提高招聘效率，有效的节点控制势在必行。通过对招聘流程重要节点的有效控制和时间管理，可大幅度缩短企业招聘周期。

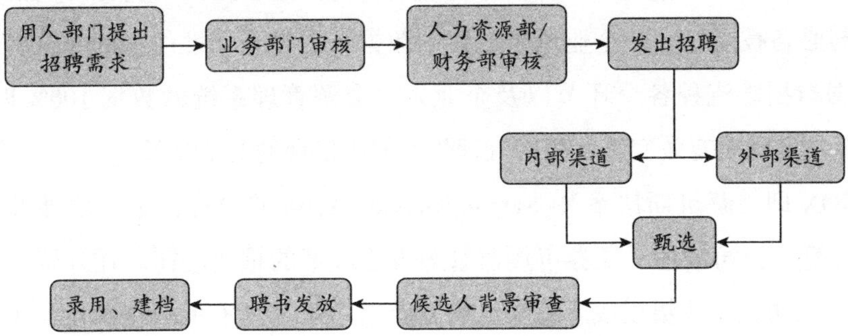

图 8–3　企业招聘简化流程

◆ 招聘信息发布：及时准确

招聘信息的审批与发布需在指定天数内完成，并确保招聘信息准确无误。同时选择恰当的招聘渠道对提高招聘效率起着至关重要的作用。通常企业基础与中级岗位的招聘信息可以通过员工推荐项目、招聘网站、招聘会推广。高级管理类职位的招聘，可以利用猎头或专业招聘网站。应届毕业生的招募通常可以利用企业校园宣讲会完成。

◆ 甄选过程：提升面试效率

面试是甄选过程中的最重要环节之一。很多企业会通过组织面试官或部门经理培训来提高面试质量。面试培训，可以帮助面试官加强逻辑思维能力与语言表达能力，更好地利用不同的面试方法，如结构化面试方法、非结构化面试方法及其他面试方法等，从而更职业化、更专业化地完成面试，并在面试完成之后的规定时间内把面试评估结果提交招聘部门。

◆ 聘书发放：高效准确

在所有招聘相关的审查手续、候选人聘前调查完成之后，方可开始制作聘用书。制作过程需要控制在规定时间之内，并确保聘用书所包含信息与聘用书审批表一致。在聘用书发放之后，招聘人员应该及时与候选人联系，解答聘用书相关问题，与候选人确认是否接受并在约定期限内完成入职手续。

8.4　阶段性的流程自检和审核

定期的企业招聘流程体系的自我诊断、自律监管是人力资源部门的必修功课与必备技能之一。企业招聘过程中数据来源是多元性的，确保这些多元性数据与招聘流程各个环节以及企业人力资源管理系统的数据 100% 匹配，是确保招聘政策有效实施，招聘流程长期健康发展的必要条件。

SOX 即《萨班斯法案》（Sarbanes-Oxley Act）的简称，是一部涉及会计职业监管、公司治理、证券市场监管等方面改革的重要法律。在外资企业中 SOX 可以防止企业错误或恶意操纵财务数据。SOX 所有的数据都得益于日志收集和监控，帮助企业简化故障诊断和性能优化。运用 SOX 在招聘流程的诊断与管控中，可体现为每月随机抽取一定比例的新入职员工样本，由专门的公司内部审计部门或专员，检查确认各样本中每一个招聘环节中的信息是否匹配，同时核对是否符合标准招聘政策要求。如发现抽取样本有信息不匹配现象，或者与标准流程不符，相关招聘执行部门须给出改进方法优化招聘流程，确保同类事件不再重复发生。

符合性测试是指检验所实现的协议实体 / 系统与协议规范的符合程度。在招聘过程中，符合性测试可以帮助企业主管部门检验单个招聘案例是否与企业招聘流程要求相符合。招聘中的符合性测试是指审计负责人在了解招聘制度后，对企业招聘流程的实施情况和有效程度进行的测试，也可以称为遵循性测试。招聘中符合性测试的根本目的是：查明被审计的招聘流程中的各项控制措施是否都真实地存在于一切招聘管理活动中，是否确确实实、始终如一地遵守了企业招聘制度规定的全部要求，是否真正发挥了作用，其遵循制度的程度如何，有无失控和不完善之处。在招聘流程的审查中，符合性测试一般采用抽样的方法进行（也可以 100% 检测），测试的范围和数量取决于内部控制的初步评价结果。经过初步评价，若认为被审招聘流程内部控制系统较为健全，则测试的范围可较小；若认为被审招聘流程的内部控制系统不太健全，就应相应地扩大测试的范围和抽样的数量。

招聘符合性测试可检测以下几个控制点：

- 聘前背景调查在聘用书发放前按要求完成；
- 招聘需求岗位级别信息与新员工入职岗位信息匹配；
- 候选人学历符合要求；
- 薪酬审批完整；
- 员工推荐计划奖金发放符合公司制度；
- 猎头使用符合公司要求，费用与合同 / 协议一致；
- 入职材料核对无误。

第九章

招聘管理系统

9.1 招聘管理系统的目标

招聘的流程主要包括职位发布、搜索人才、快速筛选、简历库管理、面试邀约、个人测评、面试评价和结果输出、offer 编制和发送、入职跟踪及系统归档等。选择一个能够涵盖整个流程的招聘管理系统可以提高 HR 的工作效率，而且使整个流程透明化，使招聘部门、用人部门、财务部门相互监督、各司其职。

欧美国家对招聘管理系统有一个统一的叫法：Talent Acquisition Systems，简称 TAS。他们对招聘管理系统的运用、开发以及法律控制上比国内起步更早、更成熟，他们的系统功能多样化，逻辑性强，并且背后有强大的数据中心做支撑。但该类系统不容易快速上手，往往需要一定的培训才能掌握，而且租金相对昂贵。很多大型企业由于业务量庞大，需要安全的平台来支撑他们的招聘管理，使数据得以有效的运行和维护，因此会选择该类系统。比较著名的 TAS 有：Taleo、Kenexa Recruiter BrassRing、Jobvite、Peopleclick 等。

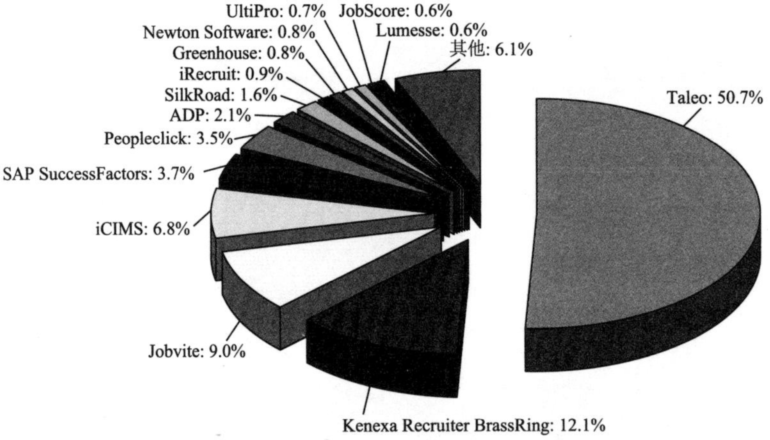

图 9-1　2016 年 TAS 市场份额分布图

近些年国内也不断涌现出一批以云平台租赁为基础的招聘管理系统，如北森、大易、云招等，他们的特点显而易见，本土化有效支持中文语言，相对国外厂商价格更有优势。现在国内的TAS厂商也都是全能发展，不仅提供一体化的人才管理系统，还提供校园招聘、内部推荐、微信招聘、雇主品牌等解决方案的部署和建设。

9.1.1　一个招聘管理系统需要具备的功能

快速、准确地找到最适合的人才是企业降低招聘成本、提升公司业绩和成果的关键。招聘技术或工具的应用可以帮助企业中的招聘人员以及候选人带来最佳的体验，构建良好的企业品牌及形象。

优秀的招聘管理系统必须能够应对企业特定的招聘流程与多地区、多语种部署的需求，为招聘经理、候选人与用人经理提供一套简洁易用的工具，来完成与招聘相关的所有工作，并且能在招聘过程中准确定位最具潜力的人才。

在本章中，我们以IBM公司的TAS系统举例来进行阐述。

IBM公司的TAS系统能帮助客户招聘、筛选、聘用并留住顶尖人才，同时在一套整合的平台上实现招聘流程的标准化，并设计配置以满足客户的具体需求，如在线职位创建、复制、审批和发布，其专有的eLink ™技术能方便地开展招聘团队内外沟通与招聘活动，通过人才档案能实现候选人资料统一维护，还有行业内最为复杂的搜索功能……另外，管理后台工具使客户能够对职位申请进行必要的设置。

◆ 职位创建

TAS系统中创建一个职位的过程非常简单，通过强大的职位模版，系统将帮助招聘经理在线创建职位，它具备以下特点：

1. 模板型或向导型职位模块实现了快速便捷的职位创建流程；

2. 客户可建立职位信息库（JD库）及相应的职位代码列表。当用户准备新建一个职位时，职位代码会以下拉菜单形式出现；

3. 职位模板中会自动填充与职位相关的字段信息（如职位描述、资格要求等）；

4. 用户可对预填充的信息做出必要的修改，实现快速便捷的职位创建流程；

5. 用户可选择一个已有职位，将其另存为新职位，这对于重复应聘同一职位的用户来说是一种特别有效的方法。

◆ 职位审批

在 TAS 系统实施设计阶段，客户可以使用职位模板为不同部门、不同类型的职位设置不同的审批流程。当招聘经理使用职位模板或通过职位代码创建职位时，预先设定的审批流程会自动与该职位关联。招聘经理也可以添加、跳过审批流程中的审批者，对预先设置的审批流程路径进行人工修改。

在创建职位的过程中，用户可以在职位模板中的“审批路径”区域人工创建该职位的“审批流程”，用户可以通过这种方式从下拉列表中手动选择一个系统用户作为审批路径中的一个审批者，或输入非系统用户的邮箱地址将其设为审批者。

不管采用哪一种标准方法，利用系统专利的 eLink ™技术，该职位的详细内容都会以邮件形式发送给审批者，并附带职位的详细内容。当一个审批者完成审批工作后，系统会自动按照设定好的审批流程发送给路径中的下一个审批者。当所有审批工作都完成后，系统会自动将审批结果通知负责创建及发布该职位的人（如招聘经理）。

在职位审批过程中，审批任务链上的人员可以随意改变该职位包含的信息。职位模板对字段和文本的变更不予跟踪，但审批者可利用“备注”功能将修改过的内容告知审批路径中的其他审批者。当某一位审批者做出变更并选择“修改并重新审批”时，职位将根据设定的审批路径发回给第一个审批者，这将会重启审批流程。当某个审批者修改过职位信息而不需要重启审批流程时，只需要选择“修改”就可以了。

在审批流程中，招聘经理可以查看搜索待审批职位列表，目的是确定当前的职位正在被哪个审批者审核。如果某个职位的审批停滞不前，招聘经理可以再次发起“职位审批”请求促使该职位的审批流程继续运转。只有发布该职位的用户才可以修改被审批通过的职位。

◆ 职位发布

客户可将公开招聘信息发布至多种渠道，如企业自有招聘门户（如内部门户、外部门户、内推门户)、社交媒体、第三方招聘网站(如智联招聘)等。

1. 企业自有招聘门户

在职位创建过程中，用户可以选择有奖职位发布至任意渠道。对于上述任意渠道，TAS 系统可以设定职位发布的位置、时间和期限。例如，职位可以首先发布在内推门户上，经过一段预设时间之后，再将该职位信息自动发布至外部门户以及第三方招聘网站上。在发布职位时，用户可以从日历中选择具体的发布日期。另外，系统会在职位即将过期时提示用户，并提供重新发布的选项。

2. 第三方招聘网站

TAS 系统直接与第三方招聘网站进行了集成，将职位信息按照第三方招聘网站的规格进行格式化，从而节约了大量的数据输入时间和精力。

通过 TAS 系统可以自动将审批通过的职位发布到第三方招聘网站上，完成后候选人可以在相应的网站上看到该职位并进行申请。同时，招聘经理选中目标网站点击刷新，系统会自动将职位在该网站中刷新，提高职位的曝光率。当候选人申请该职位后，系统会自动接收到候选人的信息，并保存为标准的、可检索的简历信息，并自动将该候选人发送到其申请的职位下。

3. 猎头

通过猎头管理功能，使企业在管理多个招聘代理(猎头)和顾问公司的关系时更有效率。系统可以帮助企业跟踪并管理关键数据，如猎头费率、猎头绩效、候选人推举权限及候选人状态等。同样的，猎头顾问可以通过 TAS 系统直接提交候选人，企业可以看到来自多个猎头公司的猎头顾问推荐的候选人，并且拒绝重复的候选人，同时系统可以帮助企业评估和衡量不同猎头的绩效表现。

4. 社交媒体

用户可以利用 TAS 系统将职位发布到不同的社交媒体网站上，包括 LinkedIn、Facebook、Twitter、新浪微博和微信。

9.1.2　创造卓越的候选人和招聘经理体验

候选人可以通过上述渠道查看客户发布的职位，并提出申请。

TAS 系统提供了标准的移动端能力，让用户能够通过智能手机或平板电脑实时访问系统。利用这一功能，候选人可以查看招聘门户上公布的职位信息，并通过任何设备搜索职位并浏览职位详细情况（系统的展现会根据使用者的终端进行自适应），并通过移动优化申请程序提交职位申请。招聘经理及其他用户将能够完成核心招聘任务。

TAS 系统的移动体验并不只针对手机，它还支持各种移动设备，包括苹果和安卓平台。通过移动化求职体验，候选人可以进行以下操作：

1. 浏览职位（系统的展现会根据使用者的终端进行自适应）；

2. 申请职位（利用简化数据集，针对移动设备优化）；

3. 导入 LinkedIn 或 Facebook 的个人档案；

4. 上传 / 导入个人简历，包括 iCloud、Google Drive 或 Dropbox 中的简历封面；

5. 直接将该职位通过邮件推荐给朋友。

在企业自有招聘门户上申请职位时，候选人可以提交一份包含所有客户认为重要的字段的申请表。

招聘经理可以在招聘门户上要求候选人填写职位申请调查表。这种调查表特别适合于招聘某些类型的职位，如非管理职位，一般不需要提交个人简历或邮箱地址。另外，这样设计对于计算机经验较少的候选人使用起来比较方便。

在线的职位申请调查表便于候选人浏览，其中可以包括问题分叉功能，以便根据候选人提供的答案分配相应的问题。例如，候选人提交了家庭住址，可能会被问到“这是您的常住地址吗？”如果答案为“否”，表格上会出现这句话：“请在下面输入您的常住地址。”候选人还可以保存尚未完成的申请，在 30 天内填完就可以了。

有些客户先收集一些基本的个人资料信息，之后再通过邮件要求候选人填写更详细的信息。这些数据都会被自动保存到 TAS 系统中。

另外，招聘经理也可以利用移动端的能力完成以下工作：

1. 创建职位；

2. 将职位发布到第三方招聘门户；

3. 查看职位详情；

4. 查看已申请该职位的候选人；

5. 检索职位汇总信息，包括每个职位的候选人总数、每个职位的新候选人总数、每种状态的候选人总数以及已查看的候选人总数；

6. 管理候选人联系信息：检索联系信息，添加至数据库，点击候选人档案中的手机号码或邮件链接，自动与候选人取得联系；

7. 查看候选人档案详情；

8. 候选人档案添加备注；

9. 更新人力资源状态；

10. 深度探讨候选人详细资料；

11. 发送 eLink ™。

◆ 简历解析

当候选人在上传、添加附件、剪切或粘贴自己的个人简历时，TAS 系统中的简历解析技术将自动提取个人简历信息。TAS 系统还可以根据简历原件创建一份 PDF 文档，帮助招聘经理评估简历原件的质量。完成数据自动提取之后，候选人可以通过二次编辑以确保简历信息的准确性。

◆ 候选人管理

1. 人才档案

从候选人提交的职位申请表和预筛选问题中采集到的所有信息将保存在候选人的人才档案中，并且人才档案中的每个字段都是可搜索和可统计的数据。这使客户能够快速在候选人数据库中进行搜索，为相关职位找到最合适的候选人。

2. 企业人才库

候选人通过企业自有招聘门户申请某个具体职位时，TAS 系统能够要求其回答预先配置的预筛选问题。

预筛选问题是为了从候选人资料和逻辑问题中收集关键信息而设计的。候选人资料问题可以了解候选人的工作经验和联系信息；逻辑问题可了解候选人的期望薪酬、出差意愿、教育程度及其他与职位相关的信息。

TAS 系统会按照既定的程序对候选人提供的信息进行分级。创建职位发布信息时，具备相应权限的系统用户为某个职位设计附加问题及相应的程序，用于准确定位合适的候选人。客户可以设定问题的最低标准以及优先标准，系统会根据候选人对问题的回答进行排序。这让用户能够只对答案符合职位标准的候选人进行回复。

此外，如果系统绑定了额外的候选人测评，预筛选问题有助于确定适合接受这项测评的候选人。

通过预筛选问题可以淘汰并自动回复那些得分未达到预设评分值的候选人。然而，即使候选人不符合某一职位要求，我们建议客户可以考虑保留他们的信息，并将其收录在企业的人才库中，供其他职位参考。由于这些候选人符合岗位的最低资格要求，招聘经理仍可以从人才库中找到符合其他特定职位要求的候选人——这对企业而言大大降低了二次招聘的成本。

3. 最终名单

利用 TAS 系统，客户可以通过多种方式生成候选人最终名单。可利用预筛选问题来确定“优先候选人”（在创建职位时可以确定“优先”的得分标准）并将其发布到指定的文件夹，从而生成一份候选人“最终名单”。

当优先候选人被发布到指定文件夹时，系统会利用专利的 eLink ™技术通知招聘团队成员（由客户确定）。另外，得分较高的候选人会出现在成功申请职位的候选人列表的最前面。

4. 候选人搜索

用户可利用 TAS 系统的搜索工具，包括排序和过滤功能，来优化企业人才库。每个用户都可以按需要设定搜索条件。例如，关注校园招聘工作的招聘经理搜索出来的结果可能与关注在职员工招聘工作的招聘经理完全不同。

一旦招聘经理收到了符合搜索结果的候选人的名单，可以将人才档案中包含的任意字段作为搜索条件对这些候选人进行分类或过滤。例如，一名招聘经理可搜索平均绩点为 3.5 分及以上的所有候选人，然后对名单进行分类或过滤，找到曾在某所特定院校就读的所有候选人。

5. 快速预览

TAS 系统为招聘经理提供了候选人快速预览的功能。该选项让用户可以快速比较多个候选人的个人简历和履历表、联系信息、工作经验及其他详情。

虽然有些系统用户的浏览器很难对 100—150 个候选人进行比较，但从技术角度讲，比较的候选人数量将不受限制。

6. 人才对比

TAS 系统能够生成更为详细的人才对比报告，更加方便招聘团队成员一次性比较多名候选人对于某个特定职位的相对优势。人才对比报告会根据候选人的姓名，罗列出不超过 10 个评估字段（标准字段或定制化字段），并按照重要等级进行排序，作为对比条件。这些字段可包括教育程度、技能水平、期望薪资、前任雇主及其他详细信息，还有与职位相关的筛选问题的答案。

报告结果采用表格形式展现，按照候选人姓名进行排列。该表格可以被打印，或通过 eLink ™发送给其他系统用户，或导出为 Microsoft Excel 文件。

7. 候选人信息查重

TAS 系统可以对来自不同招聘渠道的候选人信息进行查重。系统支持多种查重条件，如姓名、邮箱地址、联系电话等。通过这些条件的组合对候选人信息进行比对，确保不会出现重复的候选人。

8. 候选人状态管理

除了能够对一名候选人的状态进行更新之外，TAS 系统还可以通过一次操作完成对多个候选人的状态变更，只要这些候选人的状态是相同的。不过要注意的是，为了确保报告的完整性，只有在开放职位下的候选人（不包括待办、撤销、删除、拒绝或关闭的职位的状态）可以被变更。

其他可以采取的批量处理的动作，还包括候选人状态最终确认、将候选人发布到职位、将候选人发布到文件夹、向候选人发送通知消息等。用户可以一次选择多名候选人或点击全选按钮，然后进行批量操作。

9.1.3 传递企业的人才战略及文化

IBM 公司的 TAS 系统可以帮助客户更快定位更多、更好的候选人，更好地与其沟通，更轻松地处理相关流程，在适当的时间、适当的地点提供最合适的候选人，使招聘更高效。客户将能够更有效地打造企业的最佳雇主形象，吸引并聘用顶级候选人，帮助候选人实现梦想。

9.2 招聘管理系统要具备灵活性和可延展性

TAS 系统需要灵活性，能够适合客户的独特业务需求与流程，提供可配置的招聘门户以及整个求职流程中的人才管理能力。基于工作流引擎的自动规则生成器简化了候选人面试、录用以及入职流程。主要能力包括如下几类。

◆ 面试流程

对面试过程的管理可以提供以下能力：

灵活的工作流：在系统实施设计过程中，客户将描述面试流程的具体步骤，并标明必选步骤和可选步骤，视工作流而定。

Outlook 接口：TAS 系统支持与 Outlook 的接口，方便面试约定。

iCal 接口：申请人自主选择面试时间，并会收到面试确认邮件，其中附带的 iCal 文件可以被加载到日历中。

跟踪状态：TAS 系统会监控并记录面试流程中的每个状态。并且在此过程中可随时添加备注。同时，系统能够为备注输入提醒日期，将候选人添加至用户当日的待办事项列表中，对待办事项列表生成自动提醒功能。

即时沟通：根据面试过程中的里程碑，TAS 系统可自动触发与候选人和工作人员的通信。

面试表反馈：系统可以帮助客户设计任意数量适用于各类候选人（如推销员、学生、专业人员、小时工等）的面试表，并提供表格问答评分方法。

面试评分表：面试结果可在搜索结果中显示为一列，并根据候选人得分进行排名。

可搜索性和可报告性：人才档案中包含的每个字段都是可搜索的，并可以指定和并入报告中。

◆ 人才录用流程

1. offer 创建

offer 信息一般是已经通过申请与选拔程序而收集的候选人与职位信息的汇编信息。TAS 系统可以将采集到的信息收集到一个表格中，在招聘流程中的预设的阶段自动生成 offer。随后，招聘经理能够查看、编辑（如有权限）并按预设流程将 offer 提交审批。借助专利的 eLink ™技术，招聘经理可将 offer 与他人共享，包括非系统用户（如薪酬分析员），以便让他们在 offer 中补充自己的负责部分。

有一定特权的用户可以创建复杂的，个性化的录用通知书，他们也可以轻松查看已经从系统内部发送给候选人的录用通知书。

用户可以快速创建文件，保存为 PDF 文件，并自动将其附加在候选人的人才档案中，并用邮件发送到候选人申请职位的企业招聘门户中供其查看。文件模板可包含从候选人表格和职位申请单中选定的文本、HTML、图形和合并域，还可能包含导语和附件，如职位和候选人表格。

2. offer 审批

offer 的审批流程可以定制化。offer 审批流程的数量不限。

offer 的审批流程可配置成为简单的广播式审批，或利用预设的规则按职位特点（如级别或部门）来分配 offer 审批者。广播式审批会将 offer 表格同时发送给所有审批者，等待其快速回复。而定制化审批工作流使系统能够定位正确的审批者并按照设定的审批路径通知到相关人员。

一旦 offer 信息审批通过，就可按照预设模板生成录用通知书。这些模板允许使用全面格式化和个性化符号，包括候选人基本信息、职位和招聘经理数据，也可能包括附件和链接。录用通知书模板可以被打印出来并寄出。对于全程无纸化流程，录用通知书可以被发送到候选人申请职位的申请邮箱中供其查看。

3. offer 拒绝

TAS 系统会追踪被拒绝的 offer，这些信息可以通过自定义报表的方式进行统计汇总。

◆ 入职流程

当录用通知被候选人接受后，人力资源代表将审核职位细节、作必要更正并继续开展专为客户设计的入职流程。此时 TAS 系统可以向记录在案的新录取员工的电子邮箱发送欢迎消息。欢迎消息可完全定制，其中包含通向该候选人门户的链接，以及登录指示、欢迎消息正文和其他加入的文本信息。

新人入职后的常见问题是上班第一天的忙乱，这会使其对公司产生不好的第一印象，工作效率也会大打折扣。但是，TAS 系统将有所帮助：

1. 宣传公司历史、概貌和文化；

2. 激发新员工对企业的热情，令其感受到欢迎的氛围；

3. 宣传重要的公司政策和适用法律；

4. 收集法律规定的或者公司内部的必要任职信息。

一旦候选人得到录取，所有必要信息都可以输出为文件形式，并发送至人力资源信息系统（HRIS）以便创建员工记录。

在幕后，公司内的相关部门会得到即将入职员工的信息，并为此做好入职前的准备。比如，工作站、员工卡以及各类办公所需的相关软件等。客户可以设置系统，将各种活动协调在一起，使新员工顺利迎接第一天。

9.2.1 具备社交性和移动性

TAS 系统通过广泛的系列社交工具和合作关系承诺交付社交化招聘和协作。社交功能使社交网络，包括社交职位申请、职位分配、社交引荐和视频面试得到更充分的利用。此外，TAS 系统与 LinkedIn、微信、Facebook 和 Twitter 集成，以创建强大的社交功能。

TAS 系统提供行业领先的创新移动功能，可以简化候选人的申请流程，并为招聘人员和雇佣经理提供强大的移动招聘功能，包括广泛的移动申请功能，让候选人不仅可以利用移动设备浏览工作，还可以填写完整的职位申请，包括面试问卷调查。

招聘经理可以向企业自有招聘门户发布公开职位，尤其是 LinkedIn、Facebook、Twitter 等。此外，企业员工也可以向 LinkedIn 和 Facebook 发布职位。候选人看到发布内容后，即可与企业员工接触，然后点击链接，查看实际职位空缺并发出申请。企业员工还可以通过电子邮件向他们的朋友发布职位空缺。如果该员工的朋友通过社交媒体或电子邮件上的链接申请职位，TAS 系统就能自动将该员工标记为介绍人，以示其发现了这名应聘者。客户同样可以生成更高级的社交介绍测量体系，如多少应聘者来自员工社交介绍以及何种社交渠道的效果最佳。通过企业自有招聘门户，TAS 系统的社交媒体功能解决了客户搜寻人才过程中的大部分困难。

9.2.2　具备报告能力并支持各种自由数据分析

从标准报告到特殊报告和深度分析工具，IBM 公司的 TAS 系统通过确定具体可操作数据来推动业务绩效增长。通过 Data Insight Tool ™（数据透视工具），能了解如何使招聘工作更流畅、如何降低报告时间和成本以及如何简化报告制作。

IBM 公司的 TAS 系统支持多套标准的报表与自定义报表功能。从标准报告到特殊报告和深度分析工具，TAS 系统通过确定具体可操作数据来推动业务绩效增长。通过数据分析工具，能了解如何使招聘工作更流畅、如何降低报告时间和成本以及如何简化报告制作。通过自定义报表，用户可以选择任意想要输出的字段，并按照指定的排期将报表发送给相关用户。同时，可以将报表输出为多种格式，如 PDF、Excel 等。

9.2.3　具备多系统或平台的对接能力

IBM 公司实现了独特的人才管理方法，包括强大的调研、测评和分析服务，这一点令其与众不同。

IBM 公司的 TAS 系统以开放式整合平台为特色，客户将从大量第三方应用整合中受益，而且不会局限于人力资源管理系统（HRMS）、背景审核、测评或其他应用整合的某些供应商的小圈子。

作为一套成熟的、在世界范围内广泛认可的 TAS 系统，IBM 公司为客户形成成熟稳定的技术，帮助客户在需要的时候用最小的代价链接周边系统，打造一个完善的招聘生态圈，最大程度地发挥招聘平台的价值。主要包括以下接口：

（1）与 HRIS 接口

TAS 系统整合了大量人力资源信息系统（HRIS），这些整合严格遵守可扩展人力资源标准（HR-XML），能让客户从人才记录和职位工作流程等业务流程中受益。IBM 与世界主流的 HRIS 系统（如 SAP、Oracle、ADP 等）在系统对接方面有着丰富的经验。一般来说，与 HRIS 系统的接口可以根据客户的实际需求采用批量或实时的方式进行对接。

系统支持一系列的接口协议，如 CSV 和 XML。批量导入或导出文件时一般采用 GPG 或 AES 压缩方式进行加密。实时接口采用 HTTPS 协议进行加密。

如果通过 FTP 方式对接的话，传输过程中的信息加密采用 FTP over TLS 或者 FTP over SSH 进行。在 FTP 传输文件的过程中，IBM 同样可以提供 PGP 方式的加密。基于 XML 方式的对接必须强制使用 TLS。

（2）单点登录接口

单点登录（Single Sign-On）接口可以帮助用户通过 TAS 系统进行快速访问。通过单点登录接口，利用一个单独的用户账号与密码，用户就可以访问 TAS 以及与其相连的其他客户内部系统。

（3）其他接口

作为招聘生态圈的核心，TAS 系统可以方便地与测评系统、背景调查系统、入职系统、在线面试系统进行对接；IBM 在上述领域与业内主流的厂商一样具备丰富的经验与技术储备，可以利用 TAS 系统良好的开放性快速进行系统间的对接与联调，完善招聘业务流程的每一个环节。

9.2.4 具备集中管控和多中心分管能力

IBM 公司的 TAS 系统能够在全球范围内得到客户的高度认可，是建立在 IBM 世界领先的数据安全技术及服务保障的基础之上的，其有能力向全球客户承诺数据及系统的安全性和可靠性：

1. 以客户为中心；
2. 客户基础具有规模性、多样性以及客户企业具有复杂性；
3. 提供人才管理过程的每一个阶段的咨询服务；
4. 永远保持创新，持续领导力和视野有目共睹；
5. 由于服务和平台都是共享的，TAS 系统可以进行深度整合；
6. 将配置权交给客户；
7. 架构稳定、可扩展；

【经典案例 13】

作为久负盛名的协同招聘工作平台，IBM 公司的 TAS 系统成功地帮助了世界上许多顶尖的企业吸引、激励和雇佣顶尖人才，包括《财富》前 50 强企业中的 25 家，以及世界最大规模企业中的 4 家。IBM 公司的 TAS 系统为客户提供按需服务，拥有长达十年之久的满意客户；在其招聘系统中管理着超过 1.2 亿名候选人，在 150 多个国家或地区拥有超过 400 万的招聘人员和雇佣经理。

从短期和长期测量数据来看，每一位客户都实现了较大的投资回报。对客户来说，在首次使用该产品和服务的 18 个月里，能够达到 100% 的投资回报是极不寻常的。

以下为 IBM 智慧团队帮助企业实现高效运营的实例：

1. 使用本系统后的前 3 个季度，人均录用成本减少（全球 200 强企业）；
2. 使用本系统后的前 3 个季度，代理费降低 58%（全球 200 强企业）；
3. 面试候选人数占录取候选人数的比例提高 33%（全球 200 强企业）；
4. 职位公告板发帖成本降低 73%（财富 500 强企业）；
5. 创建并发布职位所需的时间减少 75%（财富 500 强企业）；
6. 填补岗位空缺的时间减少 25%（财富 500 强企业）；
7. 寻找岗位候选人所需的时间减少 40%（全球 200 强企业）。

以天合光能全球人才招募项目为例。

天合光能有限公司创立于 1997 年，是一家全球领先的光伏组件、系统解决方案及服务供应商。2006 年 12 月，天合光能在纽约证券交易所上市。

由于分支机构众多，业务类型复杂，随着全球业务的快速发展、产能的扩张，需要大量清洁能源的优秀人才加入。当时的招聘体系薄弱，招聘管理分散，流程未标准化，缺乏全球集中管控、数据共享。同时，企业尚未建立集团统一人才库，缺乏内部员工推荐流程的系统支撑，从而缺少内部有效招聘来源，招聘工作全手工操作，协作和沟通效率低下，数据分散、招聘绩效无法实时且准确的进行分析，关键招聘绩效指标缺乏全局“可视性”。

针对天合光能的业务痛点，IBM 公司提供 TAS 系统，帮助客户快速且灵活地全球部署与实施人才招募，集中化管理招聘流程，从人才招聘计划，到人才搜寻甚至人才入职进行统一监控，以便于天合光能集中管理，全面管控。同时，帮助天合光能整合了全球人才数据库，使 HR 能在合适的时机为特定岗位找到适合的人才。

通过该项目的实施，IBM 公司帮助天合光能简化协作，改善候选人体验，从而提升了雇主品牌，吸引了更多来自全球范围内的优秀人才。

第四篇

招聘的项目运营

第十章

财务运营

10.1 财务运营概览和招聘管理中的支出

10.1.1 财务运营的概述

首先，财务运营是对企业财务（含资产）运作过程的计划、组织、实施和控制，是与企业财务管理和资本经营密切相关的各项管理工作的总称。从另一个角度讲，财务运营也可以指对企业与财务相关工作的各个系统（环节）进行设计、运行、评价和改进的过程。

对公司而言，财务运营包含了日常的财务处理和整体的运营管理。

日常财务的处理包括以下内容：

1. 在主管经理领导下，严格遵守财务工作规定和公司规章制度，认真执行其工作指令，向主管领导负责；

2. 组织编制公司年度和季度成本、利润、资金、费用等有关的财务指标计划。定期检查、监督、考核计划的执行情况，结合经营实际，及时调整和控制计划的实施；

3. 负责制定公司财务、会计核算管理制度。建立健全公司财务管理、会计核算、协助稽核审计等有关制度，督促各项制度的实施和执行；

4. 负责按规定进行成本核算。定期编制年、季、月度种类财务会计报表，做好年度会计决算工作；

5. 负责编写财务分析及经济活动分析报告。会同信息部、经营部等有关部门，组织经济行动分析会，总结经验，找出经营活动中产生的问题，提出改进意见和建议。同时，提出经济报警和风险控制措施，预测公司经营发展方向；

6. 参加各类经营会议，协助参与公司经营决策；

7. 负责固定资产及专项基金的管理；

8. 负责流动资金的管理。会同营销、仓库等部门，定期组织清查盘点，做到账、卡、物相符。同时，区别其他部门和经营部门，层层分解资金占用额，合理有计划地调度占用资金；

9. 负责对公司低值易耗品盘点核对；

10. 负责公司产品成本的核算工作。制定规范的成本核算方法，正确分摊成本费用。制定适合公司特点和管理要求的核算方法，指导各核算单位正确进行成本费用及内部经济核算工作，力争做到成本核算标准化、费用控制合理化；

11. 负责公司资金缴、拔，按时上交税款。办理现金收支和银行结算业务，及时登记现金和银行存款日记账，保管库存现金，保管有关材料；

12. 负责公司财务审计和会计稽核工作。加强会计监督和审计监督，加强会计档案的管理工作，根据有关规定，对公司财务收支进行严格监督和检查。

财务运营管理除以上罗列的这些日常财务内容外，还需要对公司的综合发展、各个部门的业务需求和业务发展充分了解并结合数据分析服务于公司，财务是监督和核算以及对各类财务问题提供专业处理能力，而运营管理是要以此专业职能为基础的深度拓展，要担负起风险预警，市场分析等职责。以上这些都是针对公司为对象的财务管理工作，那么在招聘部门中的财务运营管理则是更加细分的财务责任和范围：如管理预算，则是主要管理包含招聘部门人员和项目预算，具体特点有：（1）对招聘部门未来的精确规划。（2）以提高企业整体经济效益为根本出发点，讲究联合管理、联合行动，提高部门管理效率。（3）以业务市场为导向。在全面预算的编制、监督、控制与考核中必须始终牢牢树立以市场和部门需求为导向的管理意识，注意把握市场的特点和变动，揣摩市场规律，并在实际工作中较好地运用规律为部门创造效益。

10.1.2 招聘部门的财务运营概述

招聘部门的财务运营分为日常的财务处理分析和整体的运营管理。良好的财务运营能够提高部门的招聘效率，实现优化管理，帮助招聘部门正常高效的运作，吸收更多的人才，从而能保证企业正常的经营，提升企业经营业绩，共筑企业形象典范。

对于招聘部门的日常财务分析来说，主要指成本管理，成本方面包括：成本的归集与计算；成本报表的编制、分析和解释；标准成本的制定；成本预算的编制与控制。管理方面包括：通过对财务报表的分析，加强内部控制，防止工作错误，保证部门财务安全；运用财务比率分析，探讨部门经营得失，不断改进管理；运用财务预算，规划利润，寻找最有利的经营途径，运用财务模式探讨业务模式和拟定发展策略。招聘部门的成本或支出，通常主要分为人员成本和项目成本。人员成本即所有负责招聘的人员工资、税收、福利，可能会有其他相关人员的远程支持参与本地招聘的跨境支取费用。项目成本则包括所有招聘活动，推广交流，品牌宣传，吸引人才，开发渠道，创新人才建设，举办校园、社会上的招聘项目以及相关人员的出差费用。

那么在成本管理上，必须分析其与招聘量之间的比率关联，细化评估每个人的招聘成本，以此进行管理和监督。每个季度、每半年和每一年都需要审查、分析、评估招聘部门的财务运营是否有效达标，即是否在有限合理的资金投入中为公司招聘到更多的人才。现代市场变化日新月异，在成本管理上必须讲究速度，招聘部门的业务流程必须优质高效，能快速服务于市场和业务部门，提高财务流程上的管理速度也至关重要。另外，财务信息必须做到真实、透明和及时。部门内部的管理团队也需要及时掌握准确、全面的财务信息，以帮助部门优化经营管理。财务人员必须向招聘部门管理者提供有价值的经营信息，引导、帮助决策过程，成为管理者有价值的伙伴和参谋，最终为部门创造价值。对于招聘部门而言，则是能帮助整个招聘部门正常高效的运营，为公司招聘到更多的人才。

整体的招聘运营管理包括从财务方面实现有效招聘的目标，提供关于招聘效率最优的方法、政策和流程的咨询服务；设计并推广中国区的财务运营架构，执行测评以协助政策的调整或者强调招聘趋势；帮助设计并实施全球招聘运营推行计划；为达到招聘目标提供帮助；以顾问的角色来协助招聘团队向内部客户提供服务；改进财务运营流程和系统，推动招聘的一致性。

10.2　招聘团队的配置比例

招聘部门的团队规模，如一般跨国企业的大中华区，则大致需要进行以下细分：

1. 大中华区招聘总监。主要负责大中华区的整体招聘工作，制定企业招聘的近景与远观，完成招聘在企业中的任务和使命，提高招聘的核心价值。

2. 招聘各部门的分管领导及各自属下的中高级招聘员等，主要负责制定公司各部门的招聘目标和任务，管理招聘专员、招聘协助员以确保其能高效完成工作，为该部门吸引和吸收需要的人才，负责该部门的最优化招聘。人员配备视具体部门的招聘需求而定。

3. 招聘渠道建设，项目品牌经理，主要负责建立多种内部和外部招聘渠道，并且全方位、立体地开展活动。分析每种渠道特性，制定分渠道的人才招聘策略，维护好不同渠道，跟不同渠道的提供者保持良好关系。同时既能协助控制外部渠道的支出，也能完成有效的招聘渠道建设，并通过各类招聘项目的推广达到吸引人才的目的。负责建立雇主品牌及外界宣传组织形象，扩大组织影响力和知名度，将雇主品牌的信心传递到企业内部员工、企业竞争对手以及企业客户间，展示给大家一家企业对企业文化的建设和传承。

如公司每年都会邀请其在北京的目标院校目标专业的应届毕业生参加该企业北京大学宣讲会。这项活动大大提升了其在大学生中的雇主形象，并使得应聘者可以通过体验招聘过程来了解该企业的组织结构、经营理念、管理特色、企业文化等。

表 10–1　2016 年校园招聘目标院校 top5

排名	校园招聘目标院校
1	清华大学
2	北京大学
3	复旦大学
4	上海交通大学
5	浙江大学

4. 职工上岗培训人员，视招聘量多少而定。

5. 部门流程管理、财务运营管理、报告统计分析人员等。

6. 负责高层人员或者总裁级别的招聘专家和高级人才的搜索专员，大概由 5—7 人组成，可以是本地的也可以外包，分为初级和资深搜索员，视招聘量多少而定。

在整个招聘的过程中，以上职位缺一不可。因为这些是完成企业成功招聘的必要条件。在知识经济条件下，企业是人才支撑起来的，企业的竞争，其本质是人才的竞争。所以一个完整的招聘部门的人员配备是至关重要的。表 10-2 是适合招聘部门完成合理高效招聘的核心人员与职位的配置比例。

表 10-2　核心人员与职位的配置比例

核心人员	
招聘专员	负责 100 个职位
招聘协调员	负责 160 个职位
上岗培训员	负责 500 个职位
人才简历搜索员	负责 160 个职位

以上为参考值，具体人员配比根据公司业务特征各有不同。同时，除以上这些核心人员配备外，还需要设置其他渠道、项目、品牌、社交媒体人员的岗位支持，才能让公司企业吸引更多人才。

10.3　招聘预算的制定和管理

10.3.1　招聘预算的制定

招聘预算分为人力成本的预算和项目成本的预算。

人力成本包括：职工工资总额、社会保险费用、职工福利费用、职工教育经费、劳动保护费用、职工住房费用和其他人工成本支出。境外的人员，如全球的人才搜索部门或者某个营业部门有在本地的异地支持招聘活动，那么他们的相关人员费用也会计算在本地的支出账目中。如果本地的招聘人员中有支持其他地区的招聘活动或者提供项目协助的，那么该人员的相关费用也需要计入招聘发生地区的账目中（对方为借记方），从本地的费用中扣除（本地为借贷方）。如果有招聘部门裁员的情况发生，那么被裁员工的所有相关离职费用将先记入招聘部门的账本中，然后再由会计调账到该地区专门记录裁员补偿金的部门之下。

在预算全年的人力成本时，通常在年初时需要与招聘部门的招聘领导商议该年度的人员安排，了解有无任何人员调动、转入或者转出的情况发生，或者由总部指派本地的人员。同时也要了解该公司的年度招聘量，比起往年是否有大幅的增加或者减少，如果预估会出现明显降幅，那么在人员的计划上就要按比例适当减少，反之，如果某个部门的招聘量大幅增长，那么就需要考虑多增设支持该部门招聘的招聘专员等。

【经典案例 14】

某跨国企业大中华区最近几年的招聘量都呈现明显下降的趋势，所以招聘部门的人员也相对减少。但是也不能一味追求降低成本、减少人员，因为如果某个部门在规定时间内突然有紧急招聘要求下达时，那么招聘部门还是需要有一定量的招聘专员、流程协调员和人才简历搜索专员去支持服务，负责完成该任务。所以，招聘部门需要维持一定量的人员配备，在遇到紧急要求时才可以全力以赴完成任务。

项目成本包括：项目形成全过程所耗用的各种费用的总和，是项目从启动、计划、实施、控制，到项目交付收尾的整个过程中所有的费用支出。如招聘部门的招聘项目，则是包括校园招聘的场地费用，为项目支持提供的服务者（第三方），相关物资准备费用，用于布展和设备调试的费用，活动中为抽奖所准备的奖品和拍摄费用。活动要求是任何可以精准筛选和接触到目标人群的渠道都可以尝试，内容方面是创造性地吸引目标人群关注“公司校园行”的微博和微信，积极地进行互动和申请该公司的校园职位。不同的目标院校目标专业可以有不同的宣传方式，核心宣传活动，创新的线下宣讲会，以上这些所有活动内容的费用都归类为项目支出。

【经典案例 15】

招聘项目的成本在这几年内也有非常明显的降低，当然这是和招聘量或需求紧密联系的。当需求量大幅减少时，公司的招聘活动经费也会随之降低，但是必须保证一定的规模。因为公司每年都有各大高校的大量实习生的招聘活动通过校园招聘活动来吸引吸收人才。在 2016 年某公司招收大量的实习生进入各部门，虽然这些实习生不在招聘部门的成本审核机制中，因为他们不是正式员工雇佣，但也是由招聘部门花费了相当多的人力和时间投入完成的。为了这部分的招聘工作量，部门也需要安排相应的项目成本或者短期的招聘部门实习生（人力成本）来帮助完成任务。下表显示，虽然实习生的招聘不需要招聘部门负责其合同和上岗等工作，但是从申请到面试都需要招聘人员的付出和支持。所以实习生的招聘工作量也不容忽视。

中国	申请职位	雇佣核查	人才搜索	人才筛选	面试安排	合同出具	上岗安排
正式员工	×	×	×	×	×	×	×
实习生	×	×	×	×	×		

除去校园招聘的项目费用，还有各类人才网站的职位刊登费用、社交平台的一些招聘专栏的推送招聘信息和维护费用以及少量的广告渠道宣传费用。这些费用不会很大，但也是非常重要的推动招聘顺利进行的因素。对于大型企业而言，传递雇主品牌信心，创造性地吸引目标人群关注是制胜的法宝。中华区某大型跨国公司招聘部门在最近几年，每年有一定量的固定预算用于这些项目的投入，皆在传递给大家该公司的经营理念、管理特色、企业文化，从而为公司招聘到更多的人才来保证公司的正常经营，提升公司经营业绩，共筑公司形象典范。

除人力和项目成本的计划外，还要预留一小部分的预算作为一些出差会议和培训的费用。这些费用能帮助招聘人员提升自己的技能素养，来应对更强、更专业的招聘任务。

10.3.2　招聘预算的管理

预算管理是利用预算对企业内部各部门、各单位的各种财务及非财务资源进行分配、考核、控制，以便有效地组织和协调企业的经营活动，完成既定的经营目标。是企业全过程、全方位参与的预算管理。预算的编制、执行、控制和考评等环节，以及众多信息的搜集、传递工作都需要财务管理工作，在预算执行的监控过程关注收入和成本这两个关键指标的变化趋势，这迫使预算执行主体对市场变化和成本节约造成的影响做出迅速有效的反应，提升企业或部门的应变能力。

招聘部门的预算则大致相同，即在完成并审批通过的招聘预算后，分月、分季度地来考核、检查、管理预算的使用或支出情况。首先每个月，管理预算人员会根据预算做出更新的当月预算版本，分析在当月实际将会发生的费用，如是否有增减人员，是否有项目投入，或者一些猎头费用的产生，所有这些都将纳入该月的预算。然后当财务会计做月度结算时，再来比较当月的预算和实际支出费用的差额，并找出原因分析核查。除了费用的预算核查管理方面，招聘部门的费用还需要和招聘量这一因素连接起来分析，如果招聘量和年初制订的月或季度计划基本一致，那么支出和预算就应该不会有较大的出入。如果招聘量开始持续上涨，那么就要向该部门的招聘管理经理了解分析营业状况，如果持续向好的方向迅速增长，就要考虑申请额外的人员或者项目预算来支持，或者也可以抽调其他招聘需求减少的部门人员来跨部门协助完成任务。这样的一个管理流程运作，在每个月、每季度、每年都会循环发生，从而来及时有效地管理招聘部门的预算。预算管理是信息社会对财务管理的客观要求。市场风云变幻，能否及时全面把握预算管理信息、抓住机遇是企业驾驭市场的关键。

这里将管理招聘预算对部门和企业的意义概括为以下五点：

1. 提升部门战略管理能力。战略目标通过预算管理加以固化与量化，预算的执行与战略目标的实现为同一过程；对招聘预算的有效监控，将确保最大程度地实现招聘部门的核心目标。通过预算监控可以发现未能预知的机遇和挑战，这些信息通过预算汇报体系反映到全球的招聘决策领导部门，可以帮助招聘部门动态地调整战略规划，提升战略管理的应变能力。

2. 有效的监控与考核。预算的编制过程向部门和公司双方提供了设定合理业绩指标的全面信息，同时预算执行结果是业绩考核的重要依据。将预算与执行情况进行对比和分析，为公司业务和财务运营管理流程上都提供了有效的监控手段。

3. 高效使用部门资源。预算计划过程和预算指标数据直接体现了招聘部门使用资源的效率以及对各种资源的需求，因此是调度与分配企业资源的起点。通过预算的编制和平衡，招聘部门领导可以对有限的资源进行最佳的安排使用，避免资源浪费和低效使用。

4. 有效管理经营风险。部门管理预算可以初步揭示部门下一年度的经营情况，使可能的问题提前暴露。参照预算结果，高级管理层可以发现潜在的风险，并预先采取相应的防范措施，从而达到规避风险的目的。

5. 收入提升及成本节约。全面预算管理、考核、奖惩制度共同作用，可以激励并约束相关主体追求尽量高的收入增长和尽量低的成本费用。在编制全面预算过程中，相关人员要对企业环境变化做出理性分析，从而保证部门或企业的收入增长和成本节约计划切实可行。

10.4 应对计划外的必要支出

在招聘运营管理上，有时会碰到招聘量超出计划预算外的急剧增长情况，那么现有的招聘人员规模将无法满足这个变化的需求。这个时候就需要核实市场业务方面的情况，结合企业部门发展的实际需求和战略规划，向全球的运营部门提出额外支出的申请。需要核实情况的几个要素包括：与招聘经理或者招聘量增加的部门经理核实，关于招聘量的增长消息是否确切、持续、稳定。这一变化增长是全球性的某项业务推广所导致的还是本地新增业务合作所带来的额外需求。现代市场变化日新月异，在成本管理上必须讲究速度，所以，如果业务部门在充分核实和正面确认的情况下，就需要快速通过审批流程进行申请。通常申请的范围有：增加该部门的招聘专员或者其他招聘人员（包括可以从其他招聘部门或者公司内部转移的人员），或者增加该部门的项目投入，如在各种招聘渠道，社交媒体方面的支出或者广告宣传，通过扩大组织部门的影响力和知名度来吸引更多的人才。

在获得这些必要支出的准许后，还需要分析以全年为度量单位的所有支出与相关的招聘量的比率关系，确保获得新的预算支出与招聘量的增加成正比并且是同比增长的趋势，以核算每个人的招聘成本是否依然能维持在预算的数字上下不超过 5% 的浮动范围内为目标来管理这部分新增的支出。

审批金额的流程如下：

1. 项目支出的审批流程

对于订单金额小于 5000 美金的，有具体相关出资部门经理的批准即可。

对于订单金额在 5000 美金至 50000 美金之间的，须有具体相关出资部门经理的批准以及该部门的总经理批准。

对于订单金额大于 50000 美金的，除有具体相关出资部门经理的批准以及该部门的总经理批准之外，还需要该部门的首席财务官的批准。

对于所有咨询类相关的费用，既需要有具体相关出资部门经理的批准以及该部门的总经理批准，而且还需要该部门的首席财务官和全球首席财务官的批准。

申请者在系统提交订单时，需要把所有的批准发送给负责该国家财务的人员。

2. 人员申请的审批流程

在人事部门内部的流动，如果是填补现有的空缺，那么则需要有具体相关出资部门经理的批准以及该部门的总经理批准。如果是内部人事人员转去一个新的职位，或者非人事人员转去人事部门任职，又或者是从外部市场上招聘一个员工 / 合同工 / 学生，那么需要有具体相关出资部门经理的批准以及该部门的总经理批准，另外还要有该部门的首席财务官的批准。

申请者在系统提交订单的时候，需要把所有的批准发送给负责该国家财务的人员。

3. 在财务规定制度中适用于招聘部门的免批支出

（1）采购订单

①法律规定的要求；

②招聘猎头费用；

③校园招聘费用；

④新员工背景调查的费用；

⑤培训费用；

⑥个人派遣费用。

（2）内部人员招聘

关于管理层方面中断雇佣的参与“入职 24 个月内项目”的人员替补，不需要首席财务官批复，招聘经理的批准即可。

（3）差旅费用

①审计和商业监管方面的出差；

②关于法律法规上必须要求的项目上的出差；

③人事管理系统方面的出差；

④批准的培训类方面的出差；

⑤收购合并项目方面的出差；

⑥招聘人员参加招聘会以及校招活动的出差；

⑦商业发展促成方面的活动；

⑧关于政府对于健康安全检查方面上的活动；

⑨帮助落实安排的出差；

⑩面试候选人的出差。

所以，在处理业务增长所带来的额外支出方面，提倡以市场为导向，注意把握市场的特点和变动，揣摩市场规律，这样才能在实际工作中较好地为企业创造效益。

10.5 审核机制

就如之前几章中提到的，有效的审核与监控非常重要。预算的编制过程是向部门和公司双方提供设定合理业绩指标的全面信息，同时预算执行结果是业绩审核的重要依据。将预算与执行情况进行对比和分析，才能为部门业务和财务运营管理流程都提供有效的监控手段。当然在企业全面预算的编制、监督、控制与考核中还必须始终牢牢树立以市场需求为导向的管理意识，不能过分追求成本监控而忽视业务发展、市场扩大、品牌崛起可能带来的负面影响。

一般大型跨国 IT、金融企业中华区的招聘效率平均值为一个招聘员一年完成 35—40 个的名额。如果某个部门的招聘量在当年急剧下降，那么招聘效率也会随之下滑，即单个的招聘成本会逐渐扩大，年终的结果就是赤字超出预算份额。

【经典案例 16】

在 2016 年，某大型跨国服务企业的整个大中华区的招聘量和预算相比下降达 30% 之多，招聘部门也减少了大量的招聘人员工作，所以在第三季度，财务报表严重超支。这时，摆在财务运营管理者面前的疑问是：如果招聘量持续下降，那么招聘部门是否需要继续减员来降低成本？在和部门领导以及全球招聘运营主管多次商量分析后得到的结果是否定的。就如 2017 年新推设的预算机制一样，招聘成本中必须有一半的固定成本应该受到合理保护，即不被招聘量的高低所影响或驱动，无论招聘量的起伏多大，这些人员的成本是不应该被影响的。如果一味追求招聘部门全年的支出达到预算或与其持平，那么在招聘量下降 30% 的情况下，必须通过同比减持 30% 的人员来维持年初的预算目标和单个的招聘成本。这样做将会对部门带来无法估量的破坏影响，招聘部门的核心工作和团队力量将被摧毁。所以，针对这一情况的正确做法就是保住最基础的人员配备，这样在新的预算模式的年终审核中才不会出现大幅的超支结果。

在 2017 年最新的招聘部门预算管理审核模式中，就明确了 50% 的基本预算支出和 50% 的变动预算和在招聘量变动的情况下会出现不确定支出的相对应的增加、减少。这在一定程度上合理地表现了在招聘业务需求量发生激增的情况下，招聘部门怎样才能既保持团队核心力，同时也能相对应地有效合理节省开支，最后达到业务和财务双方的正确审核，高效管理。

第十一章

校园招聘

11.1 确立校园招聘的目标

在企业人力资源战略中，招聘活动是一项非常重要的人力资源管理活动。而校园招聘，作为外部招聘的一种特殊大型人力资源项目，在现代企业招聘活动中越来越凸现其优点和重要性。校园招聘一般肩负着组织中人才结构的搭建、新鲜血液的纳入和人才战略转型的重任。在此基础上，还要兼顾成本收益以及在此过程中为企业雇主品牌带来的美誉度。

所以，校园招聘的目标从战略层面看，可设定为以下三点：

1. 驱动公司人才梯队建设和未来布局。大部分企业的校园招聘都已经形成了具有公司特色的运作体系。比如，在一年之初邀请公司管理层一起进行年度规划：盘点公司现有的人才梯队状况，考虑短期、中期、长期公司发展的方向、战略，进行校园人才的布局。在公司层面目标清晰的前提下，根据该布局核算各部门用人需求和潜在用人需求。从而核算出本年度的校园人才缺口和招聘量。

2. 满足用人部门的应届毕业生招聘需求。这是所有公司的校园招聘最直接的目标。也是狭义的校园招聘目标所指代的内容。

3. 提升雇主品牌的认知度和美誉度。雇主品牌无处不在，但凡代表公司跟任何人接触的点点滴滴，无不体现着雇主形象，影响着他们对雇主品牌的感知。校园招聘因为跟高校大学生的人生第一份工作息息相关，自然会引起高度的广泛关注，这种关注度给了宣传雇主品牌以强有力的受众基础。所以，在校园招聘的规划中，要高度关注雇主品牌的规划，抓准时机，有的放矢才能事半功倍。

11.2 设计校园招聘专属计划及流程

考虑到校园招聘的特殊性，相比社会招聘来说，它的实施更需要整体规划以及细节把控。做好校园招聘的规划和定位，明确工作范围和分工，才能为校园招聘做出初步整体策划和成本管理。

这是一个精细又复杂的过程，涉及校园招聘职位和招聘量的确定、宣传、招聘渠道、简历收集、笔试、面试、录用和入职等，在校园招聘之前，根据预算规划清楚，然后严格按照预算逐一落实。

建议较成熟的企业，根据自身的人才需要和校园招聘的人才特点，制订适合自己的校园招聘年度计划，把校园招聘逐渐固定下来，成为年度招聘项目，按照企业自身的节奏和周期，进行一年一度的有规律、有计划、有准备的品牌性招聘项目。

【经典案例 17】

某世界 500 强 IT 公司的年度校园招聘项目规划草案

该规划方案仅仅是一个初步的概括方案，落实到具体执行层面，每一个条目又可以详细展开进行相应的细节管理。

校园招聘	任务	截止日期或执行时段	责任人	需协调资源
校园招聘需求确认	跟各个事业部的负责人、人力资源合作伙伴以及负责人员成本管理的相关负责人一起确认公司明年的校园招聘需求大致职位及数量	5 月 30 日		
	各部门的招聘需求不断地进行拆分，最终确认用人经理、地域、分子公司、具体职位信息	8 月 15 日		
校园招聘方案确认	结合校园招聘需求进行校园招聘初步规划	6 月 15 日		
	在初步规划的基础上，结合资源情况及供应商方案，征集各方意见和建议，全面头脑风暴，不断补充和完善原有方案	7 月 15 日		

续表

<table>
<tr><th colspan="2">校园招聘</th><th>任务</th><th>截止日期或执行时段</th><th>责任人</th><th>需协调资源</th></tr>
<tr><td colspan="2"></td><td>校园招聘方案包含执行细节全部完成，未来执行过程中只进行微调</td><td>8月15日</td><td></td><td></td></tr>
<tr><td colspan="2" rowspan="7">资源确认</td><td>可通过校园招聘渠道进行的雇主品牌宣传的素材和资源</td><td>8月15日</td><td></td><td></td></tr>
<tr><td>根据大学生喜欢的措辞风格，撰写的职位说明和职位所需要的能力素质的说明</td><td>8月15日</td><td></td><td></td></tr>
<tr><td>生动易懂的公司介绍，事业部介绍，公司业务介绍</td><td>8月15日</td><td></td><td></td></tr>
<tr><td>预算方案及预算审批</td><td>6月20日</td><td></td><td></td></tr>
<tr><td>校园招聘薪酬方案审批及确认</td><td>8月30日</td><td></td><td></td></tr>
<tr><td>全国录用方案和薪资方案与各个分子公司的相关负责人沟通，全国统一执行方案</td><td>8月30日</td><td></td><td></td></tr>
<tr><td colspan="2" rowspan="3">供应商确认</td><td>供应商招标会，向潜在供应商说明此次校园招聘的初步规划和招聘目标</td><td>6月25日</td><td></td><td></td></tr>
<tr><td>供应商竞标，确定最终的校园招聘供应商和其提供的校园招聘服务方案</td><td>7月15日</td><td></td><td></td></tr>
<tr><td>跟供应商一起打造校园招聘平台，建设简历数据库系统前端界面和后端应用。包括网页版和手机端。数据库测试完毕，校园招聘官方网站完成</td><td>8月30日</td><td></td><td></td></tr>
<tr><td colspan="2" rowspan="2">校园招聘项目正式上线</td><td>对外校园招聘宣传全面开始，校园招聘官方网站开始可接受申请</td><td>9月1日</td><td></td><td></td></tr>
<tr><td>对内校园招聘宣传全面开始，请员工推荐优秀人才进行网申</td><td>9月1日</td><td></td><td></td></tr>
<tr><td rowspan="6">校园招聘宣传推广</td><td rowspan="6">推广方案</td><td>确定对外宣传主视觉形象和宣传 slogan</td><td>8月15日</td><td></td><td></td></tr>
<tr><td>可用于校园招聘的宣传视频</td><td>8月15日</td><td></td><td></td></tr>
<tr><td>微信推广方案确定（包含 H5 的设计和宣传计划）</td><td>8月15日</td><td></td><td></td></tr>
<tr><td>微博推广方案确定</td><td>8月15日</td><td></td><td></td></tr>
<tr><td>公司主页推广页面和方案确定</td><td>8月15日</td><td></td><td></td></tr>
<tr><td>BBS 和就业网推广内容和方案确定</td><td>8月15日</td><td></td><td></td></tr>
</table>

续表

校园招聘		任务	截止日期或执行时段	责任人	需协调资源
		其他求职类网站推广方案确定	8月15日		
		校园内落地推广方案确定	9月1日		
		高校学生社团推广方案确定	9月1日		
	海报和宣传材料	海报和宣传材料设计	8月15日		
		海报印刷，宣传材料制作和发送	8月30日		
		海报在校园里的张贴，宣传品在校园的推广和发送	9月1日		
	礼品	礼品选择和筹备	8月30日		
	面向海外学生的推广	海外推广渠道的沟通和推广方案	8月30日		
	校园宣讲	校园宣讲城市和场地确认	8月15日		
		每场宣讲会的日程和内容确定	8月20日		
		宣讲会宣传启动	9月1日		
		宣讲会嘉宾邀约并确定出席者名单	9月5日		
		宣讲会材料准备和PPT撰写完成	9月20日		
		全国各地宣讲会执行	9月21日至10月23日		
	校友系列活动	校友系列活动城市及场地确认	8月15日		
		每场校友活动日程和内容确定	8月20日		
		宣讲会嘉宾邀约并确定出席者名单	9月1日		
		全国各地校友活动执行及校友组织推广	9月10日至12月20日		
	企业开放日	北京、上海办公室日期及场地确定	8月15日		
		开放日活动日程和内容确定	8月20日		
		宣讲会嘉宾邀约并确定出席者名单	9月1日		
		北京、上海开放日执行	9月15日，9月30日，10月15日，10月30日		

续表

校园招聘	任务	截止日期或执行时段	责任人	需协调资源
选拔和录用	暑期实习生绩效评估和录用	8月20日至9月20日		
	内部推荐	8月15日至9月7日		
	在线简历收集	9月1日至10月25日		
	笔试面试执行和网申数据、笔试面试数据的汇总分析	9月8日至11月20日		
	校园招聘名额及对应录用通知发放状态统计记录	8月20日至11月30日		

11.3 确定校园招聘的项目品牌

谈到品牌这个词，我们会想到什么呢？ Nike、Coco-Cola、BMW、海底捞、7-11……

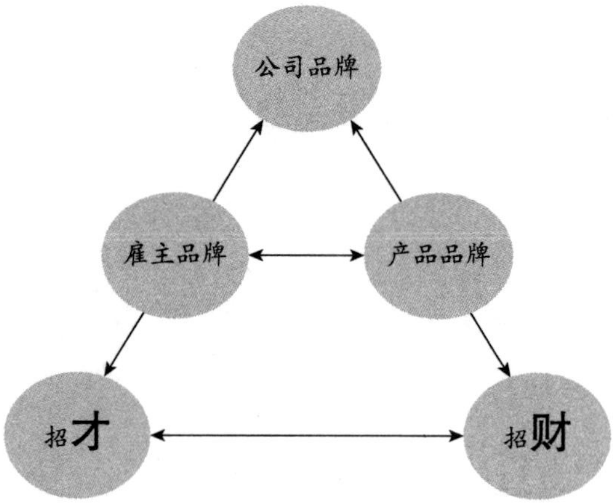

图 11-1　公司品牌三角形："招才" VS "招财"

对一家公司来说，品牌信仰只有一个，所需要的是配以完备统一的品牌战略，但如何针对这么多各式各样的社会需求做出品牌战略呢？

图 11-1，广泛应用于公司品牌教育文件中，也实际帮我们了解到，产品品牌与雇主品牌的“招财”与“招才”相互作用，共同支持着公司品牌的运转。当然，在雇主品牌背后需要有强大的后盾作为支撑。比如，职业发展、薪酬福利、工作环境、公司前景、上下关系、合作伙伴、客户类别等。

我曾经有这样的困惑：为什么雇主品牌要归 HR，尤其是在招聘中？我质疑过，但最终找到了答案，“谁离吸引人才的战火最近，谁就要去战斗，而且要争取在整个公司的话语权”。这样才能真正为人才吸引，人才保留，人才发展做好雇主品牌建设。

校园招聘的项目品牌，是雇主品牌和校园“招才”之间的纽带，向上承接了雇主品牌，向下对接校园项目的设置、执行和实施。好的校园招聘项目品牌可以在良好雇主形象的基础上，传递出更多的项目信息，如该雇主的校园招聘项目是从什么时候开始，目标人群是谁，招聘目的是什么，该招聘项目有哪些特色内容，如果能够成功参与可以获得什么等。校园招聘的项目品牌便可以传递出这些信息，能大大降低每年面向校园人才进行宣传的成本，项目尚未开始便已在目标人群中获得诸多期待，项目一旦开启便自带热度。

那么，如何确定校园招聘的项目品牌呢？

首先，要深刻分析公司品牌战略和雇主品牌战略。准确把握其形象、定位、内涵与外延，在与这些可感知内容步调一致的基础上，为校园招聘项目确定品牌形象和品牌名称，并赋予校园招聘项目品牌以具体的项目信息（前段已有描述）：项目时段、目标人群、招聘目的、项目特色、项目价值。

其次，在校园招聘项目正式推出之前，思考该项目品牌是否已经做好前期的准备工作，如目标人群分析、竞争对手和竞争项目分析、项目品牌差异化因素分析、项目品牌定位、项目品牌和本公司其他校园相关项目的品牌区分度和一致性分析、项目发生频次和持续时间的设定、项目品牌 logo、宣传口号、宣传渠道分析、公司内部资源分析等。这些工作，需要 3 个月到 6 个月的时间去准备。

校园招聘项目正式推出之后，需要随时监控目标人群对该项目品牌的认知度和反馈。必要的时候可以随机挑选一些高校的学生进行电话访谈，问问他们的感受和建议，及时调整项目在实施过程中存在的问题。强化项目品牌的特色，对项目存在的疑问及时在关键推广渠道做出解释说明。主动邀请高校目标院系以及和就业相关的老师了解该项目，甚至可以开专门的项目启动宣讲会或组织线下启动宣传活动。

在项目顺利运转完成后，收集所有相关方的反馈，总结、提升、完善项目，找出项目在目标人群中最具吸引力的点，在下次项目启动宣传的时候，把吸引点作为焦点。持续强化品牌形象，加强认知广度和深度。

11.4 走入校园

11.4.1 校园宣讲会

校园宣讲会是大型企业面向应届毕业生的专场宣传活动，主要介绍企业的发展历程、价值观、现状、用人标准、人才发展情况等，有的会有互动问答环节、游戏环节等。传统的宣讲会举行地点一般为大学的报告厅，举办前会在各种传统网站渠道（如招聘服务网站、高校 BBS、就业指导中心网站等）宣传，配以校园海报宣传、传单彩页宣传、带有宣讲信息的小礼物宣传、校园人群密集区大型宣传板宣传等。

随着校园人才战争的愈演愈烈，很多企业把校园招聘从 9 月往前提，甚至提前至 3 月、4 月就开始吸引优秀的应届毕业的暑期实习生，通过直接 offer 优秀的暑期实习生来赢得应届生人才大战。所以，暑期实习宣讲会也越来越多。

随着社交新媒体的普及，目标受众人群已经从线下走到线上，从 PC 端走到移动应用。各种可以支持校园宣讲的移动应用应运而生，企业可以借此打破传统信息传播形式带来的时间、空间的局限性，随时随地精准地传播校园宣讲会信息。与此同时，也有移动应用在帮助同学们整合在线的宣讲信息，听宣讲将更加灵活，不会轻易错过感兴趣的公司的在线宣讲会。

不管是何种形式的校园宣讲会，它的本质并没有发生太多变化，主要目的还是走近大学生，增进学生对公司的了解。那么，宣讲会的质量到底由什么决定呢？

一场让人印象深刻的宣讲会，首先至少需要一个特别好的价值点，这个价值点可以是公司或公司创始人本身的感召力，如某些顶级的投行或者顶级的互联网公司；也可以是独一无二的机会，如一些公司会在宣讲会之后直接安排笔试或者面试；或者宣讲会本身的大奖让人无法错过等。作为校园招聘的负责人，首先要找到这个价值点，才能让受众人群觉得不虚此行，物有所值，才有助于提升公司在目标人群中的美誉度和好感度。

宣讲会的参与度和传播度是衡量宣讲会质量的传统标准，当然现在也一样适用，只是途径和范围更广。宣讲会的参与度与精准定位目标人群是密不可分的，正如来了很多人，但并不会选择加入该公司，或者公司并不是迫切希望能够把他们招进来，这样的所谓参与并不是我们真正想要的。我们在宣讲会宣传开始的时候，就要锁定目标人群，分析能够打动他们的价值点，再分析公司可以提供什么样的价值点给他们。经过多次的匹配、分析，确定价值点之后，慎重选择宣传渠道，最好能有方便的在线或者移动报名系统可以追踪宣讲会的报名人数并收集基本信息，方便随时查看在目标人群中的影响力和参与度，随时调整宣传策略。传播度，是看宣讲会之后的传播广度和热度维持的时间，除了要做好宣讲会之外，还需要统筹好公司内外各方支持力量，一起增加宣讲会的影响力。比如，请公司的市场营销或者公共关系部门帮忙在各种资源媒体发布宣讲会预热宣传文案，宣讲会结束之后，对内容进行总结，并配以深度讲解维持热度。或者在宣讲会过程中，可以邀请实习生从他们的视角进行直播，这样一场线下的宣讲会就可以迅速扩大线上影响力。抑或请高校关系部的同事帮忙，在目标学生的群里扩散传播。甚至可以做一些专门促进传播的小活动，设置一些奖项来带动传播效果。

如果是线下的宣讲会，一个好的主持人的作用往往会被低估。可实际上，暖场、活跃气氛、随机应变、化解危机，无一不是主持人在掌控大局，建议提前一个月至两个月物色主持人选，尽早邀请其加入宣讲会的策划和组织准备工作，提早磨合，效果会更好。

11.4.2 校园面试日

随着时代的发展和进步，任何人，包括大学生们的时间越来越宝贵。面试的出席率也逐渐被各家公司的校园招聘负责人所谈论，大学生们的面试出席率是由诸多因素综合影响的：公司吸引力、面试职位的吸引力、面试邀约的专业度、面试的投入产出比。前几项都是我们常会考虑的因素，不多赘述。最后一项面试投入产出比需要大家特别留意，在时间宝贵的情况下，这部分对学生们的影响程度也不容小觑。面试投入包括：了解公司，了解职位，了解面试风格，了解面试内容，准备面试，准备面试服装，准时到达面试地点的出行成本，为了面试推掉一些其他安排或者其他潜在机会等。面试的产出包括：积累面试经验，进入下一轮面试的可能性，拿到offer的可能性，拿到满意的offer的可能性。这么一罗列，答案便呼之欲出，作为校园招聘负责人，减少目标人选的面试投入，提升面试产出，便可提升目标人选前来面试的概率。校园面试日便是这样一种好方法。

校园面试日，顾名思义，就是安排在高校里的集中面试。与宣讲会比较，形式更灵活，可以承载的内容更丰富。面试本身就是一个强吸引力的价值点，并且安排在高校里，大大降低了目标人群的出行成本，这种方式比较受学生们的喜欢。

校园面试日，首先是场地的预订，在校招高峰期，场地需要提前1个月预订。高校的场地和教室比较紧缺，预订的结果常常不像理想中那么完美。比如，很多企业都是希望能够订到一间可容纳百人的教室先进行简短宣讲，然后能够有5个独立的20人左右的小教室进行后续的面试。预订结果可能会是一间大教室，外加两个40人左右的中型教室。所以如何充分利用场地资源，每个场地如何摆放桌椅可以在保证面试的情况下尽量减少不同面试之间的互相干扰是很重要的。

校园面试日的内容非常丰富多彩，可以在面试前安排小型宣讲，甚至是大型宣讲，在关注度最高的时候适时进行公司和职位相关的讲解，内容更容易被目标人群接收、吸纳和传播。

在面试之前或者面试等候过程中，招聘团队可以一对一地进行公司和职位的答疑和咨询。让目标人群能更准确把握职位内容从而精准给自己定位。互动小活动特别是基于社交媒体的互动活动，可以让所有面试日的等候时间或者零碎时间产生公司相关信息的传播价值。

校园面试日还有一大难点，就是对于每位参加面试的同学，对应的面试的时间和地点的安排。建议在面试日之前先把面试安排细致精确地规划好，哪个面试官，哪个具体的时段在哪个教室的几号桌面试哪位候选人。签到的时候，把候选人名单按照面试的场地进行区分，签到过后，一目了然，哪个场地的谁没有到，此时迅速把面试安排表进行最后的调整，确定最终每个候选人的面试时间地点和面试官，并且最好能够把整场的面试安排表打印出来，方便同学们自己查询自己的时段和其他相关信息。提早准备，避免迟到。

影响力比较大的公司，常常会遇到“霸王面”的情况，即有热情的同学没有通过简历筛选，也没有收到面试邀请，但了解到该公司的具体面试日安排，所以就携带简历前来，希望能够获得面试机会。这种情况，最好能提前制定针对“霸王面”的简历筛选标准，在做好面试日签到的基础上，确定面试时段的空余，甚至可考虑延长面试日的结束时间。酌情适量地将通过现场简历筛选的“霸王面”的同学加入空余时段面试。对于未能通过现场简历筛选，或者通过筛选但是没有更多的面试时段可安排面试的，应该当即做好解释工作，明确后续的安排和解决措施。不至于使同学们带着失望和不理解而离去，对公司的雇主形象造成不良影响。

11.4.3　校企联合项目

校企联合项目可能有的朋友不太熟悉，这里主要是指企业直接跟学校合作，设置或参与的招聘项目。建议企业可以先梳理清楚近年来加入该企业且表现不错的应届生多出自哪所学校哪些专业，结合自己未来的人才发展方向和定位，梳理出自己感兴趣的学校和专业。然后通过企业自己的高校关系部，或者校园招聘服务商，或者是招聘负责人亲自预约并到学校对就业相关老师进行拜访。跟高校相关老师进行深入切磋，在满足企业人才需求和拉动高校毕业生就业双赢的前提下，探讨可能的校企合作项目。

很多高校的就业项目运作都已经非常成熟，会定期地举行不同主题的双选会，或者针对某些业界领导者公司举行小型就业座谈会等以面试为主题的活动。在招聘就业主题之外，不少高校还有专门的名企参观日的活动，可以主动加入，增进平时跟同学们的互动和交流，也有助于提升雇主影响力，变相提升招聘成功机会。

除此之外，企业还可以积极争取成为某所高校某些院系的大学生实践基地、实习基地、见习基地等。建立比较深入的合作关系，这样，优秀的学生将有更大的可能性先到企业实习，企业也可以提前录用优秀的实习生。

联合科研项目也是吸纳优秀人才的一个途径，特别是对于高科技企业，在与高校开设联合科研项目的同时，可以直接录用在科研项目中表现优秀的同学在毕业后加入企业，继续他们的开发和研究工作。

11.4.4 校园组织

校园招聘的落地和实施离不开校园里生力军的支持。校园组织也是很多希望能够深耕校园渠道的企业所关注的。

校园组织如果按照跟企业的关联度来看，跟企业契合度比较高的就是企业在校园里建立的自己的学生组织，如企业同名的俱乐部，这些俱乐部大都是由非常著名的企业组织成立，由企业出资支持俱乐部活动，俱乐部的骨干成员经过企业层层选拔，组织领导力比较强。企业俱乐部在各高校的负责人往往会在一年之初制订俱乐部的全年运营计划，与企业在本年度的市场计划和校园招聘计划结合，在提升学生活动能力的同时达到多赢。俱乐部里表现优秀的同学能更容易得到企业的实习机会和校园招聘的机会。

当企业影响力足够大的时候，可考虑自行运作校园俱乐部。更多的情况是企业本身影响力没那么大，但是又非常希望可以有自己的校园直接渠道。所以这个时候与高校的就业协会、目标院系的学生会负责人之间的沟通就显得尤为重要，可以通过对这些学生关系的维护，借助这些组织在高校中的优势渠道，进行企业相关信息的传播。合作方式可以与引领时代潮流的大学生一起进行切磋和大胆创新。

如果企业实在是精力有限，无暇建立和维护庞大的校园组织体系，也可以考虑跟校园招聘的服务商合作，通过他们在高校发展的组织和平台，对接企业的需求，提供有偿服务。

11.5　校园之外的影响力

校园招聘看似只是在学生毕业的时候进行一下应届生的招聘工作。其实不然，在招聘之外，有太多的工作要做。带动雇主在校园中的影响力、美誉度，自然地，待大学生进入社会，这种影响力会带入社会招聘中。大学生发展迅速，未来终究会成为各公司或者行业的决策者，此时当初好的雇主形象可以变相促进公司业务的发展。这些后续延伸的潜在效果，对企业的影响甚至更加深远。

所以在校园招聘之外，更多的是要思考：无论大学生们能不能进入这家公司工作，如何能让大学生们发自内心地认同和喜欢上这家公司。这才是校园招聘真正的功力。

那么，在校园招聘之外，我们还能做些什么呢？答案很简单，创造更多跟学生们交流接触的机会，任何一点一滴的细节都需要更多地从他们的角度出发考虑能给他们带来什么收获。标准只有一条：他们喜欢。

【经典案例 18】

某名企基于微信的在线导师系统

该企业为著名美资世界500强企业，刚从传统IT和咨询服务业务转型为以认知计算为引领的商业服务平台公司。对于公司的转型，虽然也在市面上进行了大大小小的报道和解析，但是在高校里，即便是对人工智能和认知计算理解度最高的群体，大学生们对该公司的认知仍旧停留在旧的业务阶段。校园招聘中很多学生慕名投递简历也只是冲着原有的影响力，对该公司的新业务一无所知。

于是，该公司的招聘团队推出了一款与其微信公众号捆绑的在线导师平台，任何大学生都可以随时注册，自由地在平台里按照他们自己的偏好选择导师，指导时间 12 周，在这 12 周里，他们可以通过任何形式进行交流，学生们可以根据自己的需要和导师交流。或者按照系统里提供参考的 12 个小话题展开。而导师，招聘团队邀请了公司里表现最突出的那些员工，实名制注册进入系统，招聘团队为此还在公司内网页面建了一个社区，专门为导师们提供强大的资讯和服务支持。员工也可以在系统里主动去跟学生打招呼，学生同意之后就可以开始聊天。

学生们的沟通内容包罗万象：这个公司现在的业务领域到底是怎么样的？什么是认知计算服务平台？我如何选择实习？我如何能够在实习中获取更多职场价值？我如何选择第一份工作？我进哪个行业比较好？我到底是出国还是在国内发展？我能到公司参观吗？我应该怎么选课？我应该如何规划时间？我要不要为了女朋友到另一个城市去发展？金融行业还是 IT 行业，我怎么选择？怎样才能快速升职加薪？如何在北京、上海买房？作为女生，我进入高科技行业真的合适吗？我应该工作多久生孩子，“生”还是“升”怎么抉择……

当这些问题被导师一一耐心细致地结合自身经历交流解答之后，隔着屏幕都能感受到对方会心的一笑。是啊，在他们的心里，跟这个公司的人可以无话不谈，因为喜欢这个公司的人而默默地开始喜欢和关注这个公司。

11.6 校园项目总结

校园，不仅培养了一批又一批的莘莘学子，更是我们开展项目的沃土。面向全国 700 多万的在校大学生人群，我们有太多可以发挥的空间和想象。在此，把校园项目做一个完整的总结，你会发现，这份工作能给你带来的成就感是多么的强烈。

1. 传统项目

传统项目就是我们老生常谈又不可或缺的校园项目，包括暑期实习生项目、应届生招聘项目，下面又分网申、校园宣讲、笔试、面试、录用、入职、培训计划。

2. 基于社交应用的项目

近几年，社交渠道蓬勃发展，也带动了校园项目的飞跃。现在市面上已经有应用得比较好的项目，如转发赢大奖活动、在线宣讲、各种方式的内推、跟微信公众号关联的一键申请和一键推荐、在线导师、互动游戏、投票活动、微信 H5 大赛、系列短剧等。脑洞有多大，项目就有多丰富。

3. 管理发展型项目

针对不同的目标人群设立的项目，如残障大学生培养计划、不同性取向平等就业计划、奖学金项目、技术大赛、高校俱乐部、管理培训生计划等。

4. 创新型项目

校园公益项目、校园竞技项目、校园体验项目（把产品放在校园里做体验）、校园创意互动项目、迎新日项目等。只要深度挖掘校园人群在不同阶段的不同需求，创新便会更加轻松自如，当然预算支持也需要与之对应。

11.7　挖掘企业资源，重返校园

所谓重返校园，是指从校园走出去的人才，重新走进校园可以做些什么？

因为校友这个天然的标签，无形中拉近了和校内人士的距离。更加熟悉，更加亲切自然。作为校友，对母校、对师弟师妹总是怀有一腔热忱，愿意贡献自己的力量，希望母校更好，希望师弟师妹更好。对于公司而言，校友是一笔宝贵的财富，同时了解公司并且了解学校。所以，公司在此基础上成立校友会，由公司里最具影响力的校友担任会长，召集公司各部门的校友加入，各位校友在校友会里各司其职，进行分工和协作。校友会也是在公司内部拓展人脉的一个好平台。对于校友会，公司的各相关部门都应该给予足够的支持，人力资源部、高校关系部、公共关系部都可以从自身的专业角度，支持校园组织制定全年的活动规划，为校友组织在校园里的活动搭建平台。

校友活动可以涉及高校的方方面面，如回母校拜访领导师长，构建进一步的合作机会；为师弟师妹进行专业领域的知识分享讲座；帮师弟师妹推荐相关的实习机会或就业机会；为师弟师妹当职场导师；作为校园宣讲的校友代表进行宣讲；参加高校的社团活动；参加高校组织的校友活动等。加强自己与母校的联系，同时带动公司在母校的影响力。

【经典案例 19】

校友帮我们找到了最合适的人才

某著名互联网公司，因业务发展，特别需要同时了解网络安全和移动风险数据分析的技术牛人。苦苦找寻，一直没有合适的人选。后来公司把此急缺职位发送给各个校友会，请校友们协助物色人才。终于，一位校友通过母校的校友会找到一位自己创业一年，成立了一家专做网络安全和移动数据安全公司的技术牛人。经过多轮的沟通，该互联网公司直接收购了该技术牛人的公司，连同他的团队一起并入，成立了一个专门的部门，这位技术牛人成了这个部门的负责人。

第十二章

招聘供应商的合作与管理

随着全球经济的快速推进，公司在不断拓展，企业对人才的建设和管理越来越重视。如何系统地完成人才建设和管理，是目前很多大公司大企业一直在追寻的目标。作为人力资源的核心部门，招聘也不再是“招人”这么简单，激烈的人才竞争使得招聘部门的任务更多元化、更立体，从人才搜寻，到市场分析，再到雇主品牌建设，以及拓展员工关系，招聘均有涉及，目的就是在瞬息万变的人才市场中，以最精准的眼光，最有效的方式为企业引入人才，以一个间接推动公司战略发展的角度来定位和要求自己。但是在日常的诸多环节中，因为人员有限，单凭一己之力想把所有方向做足、做好往往很难。万事皆有主次，因此我们需要发现自身的核心能力，对于非核心能力则可以通过供应商的辅助来完成，从而达到事半功倍的效果。

12.1 招聘合作商的选择

◆ 招聘合作商的类型选择

不同的业务方向，选择供应商的侧重点也不尽相同，就简单的招聘本身这个模块来讲，也要根据目标人群的属性分成校园招聘和社会招聘两部分。所谓术业有专攻，我们清楚自己的任务和目标之后，就要根据供应商自身的能力与优势，进行选择从而合作。

如本节引文所讲，招聘部门所面对的压力，不仅来源于招聘本身，而且品牌推广以及公司内部的人才储备和管理也同样重要，因此我们把目前招聘团队所涉及的业务划分为四个部分来简述如何选择合作商。

◆ 校园招聘

越来越多的企业选择进入校园宣传，吸引新鲜血液的加入，不但为公司注入活力，也为后续的人才培养建立人员基础，同时公司的影响力也植入学生心中，以便日后其品牌宣传能够在更大的群体中生根发芽。

市场上有很多以学生群体为根基的平台，他们侧重移动互联，平台多样化，为毕业学生匹配工作机会，拓展人脉，提升其职场价值。比如，大街网和人人网，前者侧重于寻找工作，后者则更倾向于社交。他们会研究学生群体的特征，分析他们的各种想法，各种关注点，懂得如何把握学生的胃口吸引他们的眼球。这类供应商能够提供更适合年轻群体的方案给客户，集思广益从而做好校园招聘以及在学生中植入品牌影响力。

侧重于校园招聘的平台一般也是功能多样化的，不仅作为简历投递、人才搜索的平台，其也提供帮助企业完成线上线下活动的支持与策划。对于有需要做校园宣讲、校招网站的搭建以及校招后续流程跟进的公司来说，是个不错的选择。不过企业需要注意的是，校园招聘具有季节相关性，每年的春季和秋季是两个主要的校招高峰期。因此在预算分配以及时间成本上要计划好，这个在之后的章节中会有涉及。

另外，这些服务于学生就业的招聘平台，其日后的发展是不可小觑的，虽然一开始用户群单一固定，但随着时间的推移，这些人群会从毕业学生变成精英白领，从职场新人变成企业中坚力量，最后这些资源都会进入社招人才池，网站自然而然也可以转型或者扩充成综合平台，这不失为一个放长线钓大鱼的好方法。

◆ 社会招聘

如果说校园招聘更看重供应商的十八般武艺以及推广方式的话，那么社会招聘则需要看中供应商是否具有足够的高质量并且有效的人才池（简历库）。企业在日常扩招以及离职人员补招方面基本都是通过社招渠道来完成。目前中国大陆三大人才平台前程无忧、智联招聘、中华英才网，可谓三分天下。它们的简历人才库涵盖从基础型人才到高精尖人才，从毕业院校的学生到资深管理层的人士，非常广泛和综合，并且部分还设有海外版块，中国港澳台版块等，满足各种维度的人才供应。并且这类综合性平台还支持企业各种线上线下招聘活动的承办，以及邀请客户参加针对企业人力资源的市场研讨会、业内交流会，同时还会定期分享市场分析报告给它们的客户。

除了三大传统简历供应商以外，这里还要引申出和其相对的另一个招聘平台——LinkedIn，即领英。这家 2002 年创办、2003 年正式上线的职场社交网站可谓打破了传统人才市场的格局。它是第一个把社交媒体、人脉关系拓展应用到商务以及职场中的网站。其核心目的是让注册用户维护他们在商业交往中认识并信任的联系人，俗称“人脉”。用户可以邀请他认识的人成为“关系圈”的人。2014 年正式推出简体中文版进入中国。领英强大的免费服务平台以及良好的个人信息维护及搭建深受白领用户的喜爱；同时专业的企业付费接口，高质量的人才匹配和数据分析，得到了广泛企业 HR 的认同。它作为国外最专业的人才社交网站，对于中高端市场有足够的吸引力和参考价值，因此很多外企以及像海外市场进军的本土企业很喜欢使用 LinkedIn 做人才搜索。

当然市场上还有许多其他的以手机端为主要导向的移动互联型招聘平台，但由于出现时间较晚，和三大平台以及同类型的领英相比用户数量和质量上没有优势，但服务价格便宜、灵活的个性定制却是其独有的优势，因此对于一些处于起步阶段的小型企业或者没有足够应聘成本的公司更适合。

◆ 雇主品牌建设

在前面的许多章节都有提到雇主品牌建设的重要性，理论方面我们就不复述了。在这里主要简述一下供应商在雇主品牌建设中的作用。市面上主流的招聘网站以及复合型职场人士沟通平台（如领英）都有专门针对雇主品牌建设的版块。它们以多种方式帮助企业传播雇主品牌，吸引人才。雇主品牌建设是一个不断向上积累的过程，这里引用领英雇主品牌页面的一句话可以很好地阐释这一点：从没有秘而不宣的品牌，只有清晰的推广方向和可追踪的推广成效。可见雇主品牌不是一蹴而就的，其是一个循序渐进的过程。

公司的产品品牌以及业界形象由市场部负责，但是对于与招聘挂钩的雇主品牌，则更多倾向于 HR 部门的招聘团队。在进行雇主品牌宣传的时候往往需要与实际的招聘职位相结合，绝佳的工作体验，富有号召力的标语，融洽的公司文化以及完善的多媒体宣传媒介，加强了雇主品牌的形象宣传，于是与供应商的合作也水到渠成。如前面所讲，大部分招聘平台有为雇主品牌设计宣传的服务，如帮助企业设计微信招聘公众号，单次或多次招聘软文设计与推送，线上平台广告，线上活动官方主页的设计与推广，线下招聘活动的链条式服务。方式多样，可以按照实际需求与预算进行选择。与供应商合作完成雇主品牌的建设是一个值得的投资，既省去了时间和人力成本，得到的服务也是更专业的，他们会派出专门的小组来支持客户，提供设计方案、数据分析等增值服务。

强大的后台数据抓取，也是选择供应商的一个明显的优势。这主要表现在对市场的分析以及活动结束后的追踪和反馈。当我们以多种渠道进行雇主品牌宣传时，什么渠道最有效？产生关键峰值的原因是什么？哪种宣传渠道对特定群组更有优势？这些都可以通过供应商提供的数据进行量化分析，从而有效矫正渠道的投资比例，使得渠道投资效益最大化。

选择合作商时要考虑的因素和影响：

合作商之间的竞争相当激烈，各种五花八门的宣传使得我们在采购时有很多选择的同时，也容易眼花缭乱。那么选择合作商时究竟要考虑哪些因素呢？就像购买商品一样，我们要从短期和长期两个角度来考虑，如短期的价格、外观、品牌等，长期的耐用性、扩展性、售后服务等。那么落实于合作商的选择层面上，我们可以分为两类。

短期：租赁的价格、涵盖的业务流程、支持团队的人数等。

长期：额外增值服务、客户定制化、相关数据规模和保有量等。

【经典案例 20】

有些企业有人才测评系统，有简历库储备系统，或者有专门的供应商负责雇主品牌等，那么在采购招聘管理系统时，可以考虑合并或者取消这个增值服务以便节约成本。原则上把多个模块尽量统一在一个平台上更便于适配与管理，而且价格更具有优势。比如，某个 TAS 厂商在宣传其产品时，产品属性中就包括雇主品牌的宣传，那么相应地我们可以考虑减少这部分的额外支出，转而使用这一平台上自带的功能来实现，当然这一切的前提一定是该功能确实能满足企业的要求。

前文我们强调校园招聘具有季节相关性，每年的春季和秋季是两个主要的校招高峰期。合作是有阶段性的，因此在签署合同时，我们就没必要以年为单位，而是应该转而以单次项目签约。同时企业还要考察供应商的数据库是否足够庞大，紧急情况下团队反应速度如何。校招季节，各大企业纷纷争取生源，时间点的把控很重要，在第一时间拿到学生资源尤为关键，如果资源紧俏，没有在预期范围内找到合适的人群，那么作为供应商有没有能力通过自己现有的人才池来补充这部分空缺，从而顺利满足企业对人才的需求呢？这些都是我们在选择供应商时要作为长期因素来考虑的问题。

切记，适合自己的才是最好的，不要一味地求品牌、求规模，要根据自身的目标、要实现的功能以及战略方向选择供应商，并且供应商也有各自的风格，只有找到和自己节奏相匹配的团队，合作起来才更顺畅。

供应商的选择过程：

如果想更好地了解供应商的优缺点，有对比的情况下选择一家适合自己的供应商，那么开展竞标是一个很好的方式，对于一些规模大的企业而言，采购流程非常复杂和严格，竞标是一个必需的环节，在价格和服务把控上，需要有采购部门提供协助和判断，最后的询价和交付也是由采购部门完成的。在设计竞标的案例时，通常是由需求部门来设计和规划的，一般是找一个或多个案例统一所有参与竞标的供应商，要求他们在指定的日期内完成交付，然后按照顺序来统一演示或者提供成品等，之后会按照一定的评判标准给供应商打分，最后招聘部门和采购部门一起讨论决定中标者。

12.2 招聘合作商的伙伴关系建立

在与供应商的长期合作中，伙伴关系的建立非常重要。这种合作关系需要建立在高度信任、真诚相待并客观对待结果的基础上。双方只有着眼于长期的共同发展，建立一种以合作和信任为基础的合作伙伴关系，才有可能以较低的成本传递最优的价值，进而增强双方在彼此市场中的核心竞争力，最终实现双赢。

我们需要对合作进行严格的界定，以体现企业与供应商之间在各个层面上的合作关系。这需要企业与供应商双方都付出艰辛的努力，这种关系的建立应重质不重量，也就是说企业应集中处理好那些能够带来差异化竞争优势的供应商关系。对于不同的项目有不同的方式来处理与合作商的关系。

针锋相对的关系。采购部门采用“步步为营”的谈判技巧以达到自己的目的。这种策略强调的就是砍价或对合作商加以利用，然而这种关系意味着供应商缺乏动力去为客户提高其产品或服务的性价比。供应商也不会与那些眼睛只盯着如何砍价的客户，分享他们的创新成果。结论是针锋相对的关系也许可以帮你拿到最具竞争力的价格，从而避免处于竞争劣势，然而却很难给你带来任何竞争优势。当然，这并不意味着采购部门应该放弃这种谈判的手段。实际上，对于许多采购项目来说，这都不失为一种好手段。例如，那些对你来说并非至关重要的采购项目，而且自己也并非该供应商的主要客户时，为什么不争取拿到最低的价格呢？

协作关系。许多采购关系都是企业和供应商双方在供应链管理上的合作。这种关系通常只是作为企业之间现有产品和服务的交换关系而存在，而很少超越互相可接受的合作范围。供应链关系中的共同成本是双方协商的结果。客户与供应商一起努力降低这些成本，同时对整体质量水平进行控制。

合作关系。合作关系强调的是同时为双方创造价值，而不是相互争夺控制权，也不是把焦点放在如何砍价上。合作关系是在协作关系之上发展而来的，通过合作，双方可以共同开发或对共有知识产权加以利用，从而实现合作关系价值的最大化。合作关系有助于合作双方提高效率，共同促进，而不像在协作关系中只是将焦点放在价格和交易成本上。合作关系的建立并非一朝一夕，双方的沟通也必须保持通畅且诚信。这样，合作双方才能够为了实现长期目标而共同努力，成为合作伙伴。双方更多地将重点放在如何培养新的竞争力、新模式以及新技术上，以加强双方的合作，并且为客户提供更多的产品组合。

以上三种方式，层层递进，越往后越需要通过时间的累积来磨合。落实到招聘环节中，可以做到以下几点：

◆ 善于沟通

持续的沟通和问候很必要。不论通过线上交流还是实地互访，都能有效加强信任度。双方中高层人员的互访，是企业与供应商之间建立互信机制的基础。两方对接人士需要站在各自企业的立场上有效沟通，明确观点，实时反馈，以确认双方都在“同一页”上。避免了因为欠缺有效沟通而带来误会和项目拖延。

◆ 共同成长

此外，对于一些外部分享活动，应考虑邀请对方的工作人员一同参与。既增强了联络，又能在此类活动中了解相关市场动态，并且还能意外获得更多的资源和信息，可谓一举多得。

◆ 勇于尝试创新

尤其对于合作双方都是具有一定规模的企业而言，其成熟稳健的管理流程和多年的经验导致失去创新和变革的动力，企业由于习惯固定的产品服务模式，不愿意接受新鲜事物故步自封，抑或供应商不愿意为企业的新想法或新要求对现有供应方式或服务流程做出改善。无论哪一种，最后的合作都会变得乏善可陈，枯燥无味，对未来双方的成长都是致命的。因此，一定要时刻与市场运转的步调保持一致，保持新鲜的思维与活力，勇于尝试创新，让企业与合作商之间的互动产生更多的可能性。

12.3 招聘合作商的有效性管理

判断合作商的优秀与否，需要一套合理的评价体系。通常作为使用方的我们，需要协同采购部门定期对合作商的表现能力进行系统的测评。比如，合同期为两年，那么我们最好每半年进行一次指标评定，及时反馈给供应商，做到有效管理。

我们可以通过制定关键业绩指标（KPI）来量化对合作商的测评。测评的方式多种多样，根据业务不同、公司采购部门的要求不同而有所变化，但通常从质量与交付、成本、服务几个主要方面去考量。下面就招聘部门与猎头合作的方式来举例这三个维度的评测内容。

质量与交付：这里指的是猎头推送候选人的简历数以及相关评判系数，通常有：

1. 单个职位的简历推送数量；

2. 被部门采纳进入面试的简历数量；

3. 最终入职的候选人数量；

4. 候选人拒绝 offer 的数量；

5. 入职后反复离职的数量。

以上这些数值往往可以通过标准的报告来直接判断，设定统一的条件，根据数量算出百分比，并且通过数据透视表的分析来完成。可以根据公司不同的要求来调整维度或者增加评判要求。

成本：猎头费用往往根据不同的候选人资质和职位级别而有所不同，若是逐项的报价则可以放到 KPI 体系中，和质量部分结合来看，从而对比不同猎头的性价比。

服务：这部分我们可以通过问卷的方式来进行。招聘专员是猎头的直接使用者，我们可以把问题逐个列出，利用评分制（例如，根据符合程度列为 1—5 的分值系数）来填写程度。在衡量服务质量时，我们可以根据及时回复率、职业规范度、市场占有率、违规行为等方面来设定问题。

最终我们将以上几项量化后，算出不同猎头的得分，图 12-1 为猎头 KPI 评判一览表。

表 12-1　猎头 KPI 评判一览表

	变量比重	猎头 A	猎头 B	猎头 C	总计
开放职位数 (A)					
提供简历数 (B)					
合适的简历数（C)	15%				
offer 被拒数 (D)					
入职数 (E)	35%				
女性候选人入职数 (F)					
入职 6 个月内离职数 (G)					
平均单个职位所获简历推荐量 (B/A)					
简历合格率 (C/B)					

续表

	变量比重	猎头A	猎头B	猎头C	总计
offer被拒率(D/(D+E))	10%				
女性候选人入职率(F/E)	5%				
猎头费用退还率(G/E)	5%				
及时反馈与沟通	15%				
顾问团队的专业性、稳定性	15%				
市场份额					
违规次数					
总体分值	100%				

在做完相应的评测后，我们需要和采购方进行共享以及备份，作为日后选择合作方的有效参考。

供应商就像一个小齿轮，虽然占比不大，但是其好与坏会对整个系统产生影响。如果选择把它安置到招聘系统中来，则要在最初匹配好以确保能提高招聘效率和质量，增强稳定性和可靠性。如果选择欠妥，则会降低整个系统的运转速度甚至阻断系统的正常运行。

第十三章

招聘的未来展望

13.1 未来雇佣关系的变化及人力资源的趋势

谈及招聘的未来，首先要关注未来雇佣关系的变化及人力资源的发展趋势。传统雇员社会正在消失，个体价值迅速崛起，组织呈现出更高的平台性和开放性。雇主和雇员的关系由旧雇主经济主义的雇佣关系向新雇主经济主义的雇佣关系转变，即以企业为中心的价值观转变为以雇员为中心，并以前所未有的速度发展。我们重点关注的，是和招聘相关联的未来雇佣关系的变化及人力资源的趋势，总体呈现在以下四个方面：

1. 传统组织架构改变，新型组织兴起

20 世纪 80 年代，“矩阵式组织”十分流行。而企业的发展会随着经济形势的变化而发生变革，在互联网的影响下，我国的经济已经进入了社群时代，建立在社群理念之上的新型公司组织会是必然的发展趋势。一家传统的大型外资企业，基于企业自身的技术平台，通过移动社交手段在企业内部由员工自发形成了数十万个社群小组，每一个员工都可以根据自己的工作内容、兴趣爱好等标签加入不同的社群中，产生不同的价值。社群与公司组织的和谐共生，已经是实际发生的企业变革。这种“基于团队”的新型架构对千禧一代充满吸引力，同时能够促进创新，改善客户服务。

2. 通过重塑文化，驱动战略的实施

新型组织最大的一个推动因素就是公司对企业文化、员工敬业度、学习能力和信息反馈的渴求。千禧一代在劳动力中占超过 50% 的比例（在很多国家甚至更高）。他们在工作中寻找使命和价值。当他们在小团队中工作时，他们需要一个共享的文化来确保战略、项目和服从能够一以贯之。很多公司在着力研究千禧一代的特性，有针对性地调整公司文化，以针对千禧一代实行更好的管理与引导。例如，一些公司成立了专门的千禧一代群组，由各个国家的千禧一代代表参加，参与公司文化与战略的研讨，与公司高层面对面的交流，让领导层倾听到千禧一代的声音，更好地制定公司的发展方向与策略。又如，一些公司制定了专门的反馈机制，要求领导层及时给予员工反馈，以帮助员工及时调整方向，不断改善自我；同时，该机制也保证了员工能够在同事之间、上级领导或公司高层公开地给予反馈，增强员工的主动性与参与度。

3. 用设计思维的理念打造员工体验

设计思维是指设计者（工业设计师或设计工程师）在设计过程中应用的设计特定的认知活动。但设计思维不只是针对专业设计人员的一种方法论，它还可以帮助人们理解和以开发创新的方式来解决特定的问题，一般以业务为导向。设计思维已经越来越多地被用于公司管理过程中，这就意味着，我们要用全新的方法来设计人力资源、学习项目和人才项目，一切着眼于简化，聚焦于重要事项，运用移动应用，关键是设计要以员工为中心。旧式的那种从招聘、入职、到绩效管理或职业发展，头尾相接的工作程序正在慢慢成为过去。

4. 以数据为中心，驱动人力资源管理的发展

大数据时代的到来必然引发企业经营管理的重大变革，人力资源管理也必然会迎来新的机遇和挑战。将大数据的概念真正运用到人力资源管理领域，利用大数据的价值推动人力资源管理的变革，创新人力资源管理模式，对企业具有重要的战略意义。商业智能工具帮助人力资源管理从凭借经验的模式逐步向依靠事实数据的模式转型；人力测评由主观性强的单一专家进行测评转向构建数学模型依靠大数据处理技术进行测评；企业招聘过程也正朝着越来越依靠社交网络和大数据技术的方向发展。

13.2 招聘的未来展望与新技术的发展

随着未来雇佣关系及人力资源的变化，招聘也必然会随之变化，以适应

大趋势的发展。

1. 为适应新型组织结构，把握人才特性，主动出击，“挖”人才

LinkedIn 最新发布的《2016 年中国人才招聘趋势报告》发现，95% 的中国职场人士表示，他们对新工作机会感兴趣。同时，中国的主动型人才比例为 22%，与 2014 年和 2015 年的数据基本持平。考虑到 22% 的主动求职者远远不能满足企业对优秀人才的需求，而必须积极主动接触被动型人才，这就是当前企业潜在候选人的常态——“想要人，就靠挖！”把握人才特性的另一个层面的含义是指，要明确企业现有员工的特性，明确未来企业所需人才应该具备的素质能力等，以便更具针对性地从被动型人才中“挖”来最需要的人才。这就要求招聘负责人要与业务部门更紧密的合作，用人经理有更高的参与度。

在业务有需求的时候，主动出击“挖”人才，有时已经不能及时满足业务不断变化发展的需要。想要及时为业务部门挖掘到需要的人才，人才储备库的建立就显得日趋重要。很多公司都开始着力于通过专门的候选人关系管理系统维系和管理候选人关系。通过整合式的搜索平台，搜索出潜在候选人人选，加入管理系统，通过不定期的邮件、电子期刊和社交媒体的沟通，保持候选人对公司的兴趣度，在有职位空缺的情况下，及时为业务推荐最合适的人选。

2. 增加雇主品牌建设的投入，让你的公司凸显出来

根据 LinkedIn 发布的《2017 年中国人才招聘趋势报告》，候选人和招聘人员一致认为，要与其他雇主区别开来，公司文化起着重要作用。领导层越来越重视雇主品牌，也有越来越多的招聘团队开始主导雇主品牌建设工作。与其他部门共同承担雇主品牌建设工作的招聘团队比例快速下降。

同时，社交媒体在推广和衡量雇主品牌方面的作用日益重要。大多数团队依靠第三方网站、求职网站和社交媒体来产生品牌认知度。除了社交媒体指标以外，第三方网站和校园招聘等渠道都较难衡量雇主品牌的工作成效，因此招聘团队发挥创造性，他们还将目光投向最佳雇主奖和内部员工调查数据等。

3. 利用创新的技术增强外部候选人的体验，让应聘变得更容易

在人才竞争日益激烈的年代，优秀的人才有着更多的选择，如何能够简

化候选人应聘的流程，提升候选人应聘体验，对于争取到候选人有至关重要的作用。这就需要我们更好地利用设计思维的理念，从候选人角度出发，设计更为敏捷的招聘流程。例如，建立手机端的一键申请系统，充分利用碎片时间，争取被动求职者；在传统文字简历之外，接受更加丰富的简历形式，包括视频、音频以及使用高智能认知计算模式收集用户信息，帮助候选人更有针对性地投递职位；在线视频面试取代传统面试方式，节省候选人时间，也为公司节约了招聘成本。

4. 借助新技术的力量，让招聘更加公平与高效

招聘行业已经发生了重大的改变，在越来越多人关注的同时，它变得越来越科学化。在招聘领域充分借助新技术的力量，提升招聘效率，就是最佳选择。分析当前主流的技术，能够充分运用于招聘领域的主要有社交媒体、数字营销、移动化、机器学习及大数据分析等。

◆ 社交媒体

近年来，社交媒体崛起，各类社交工具占用了人们大部分的碎片时间，与此同时，社交媒体也让人才搜寻变得前所未有的容易，竞争环境也更趋于公平。人们也逐渐认识到社交媒体的重要性，将社交媒体运用于招聘领域也备受当前企业的追捧。

未来，企业对于社交媒体在招聘方面的应用也将更为广泛，不局限于搜寻候选人。企业会更好地利用社交媒体做好雇主品牌的传播；利用社交媒体已成型的人才社区，定位特定领域候选人，并利用社交媒体平台，建立企业特有人才库，并通过社交媒体维系和候选人的关系。

◆ 数字营销

全球的人才招聘有一种逐步向营销转变的趋势，而基于人群特征和在线行为的针对性广告也正从市场营销渗透至招聘行业。通过细分领域，为人才提供最适合的岗位。充分运用数字营销，可帮助企业精准且快速地找到合适的人才。例如，LinkedIn 平台，可以在你登录的时候，为你推荐根据你的背景与期望最适合你的职位；同时，还可以帮助企业定位到特定领域的人才，提供站内信或者定向广告的形式，将企业的招聘信息或者雇主品牌推广信息直接推送到相关候选人，大大提升了招聘的成功率。

◆ 移动化

从全球范围内看，不仅越来越多的求职者开始通过移动设备寻找工作，而且求职者越发依赖移动设备。无论是通过移动设备查看职位还是通过移动设备申请职位，相关的数据都有大幅度的提升。相应地，企业在移动招聘方面的投资也在不断增加，对移动设备上的招聘信息和求职页面进行优化。手机上的企业招聘网页越来越普遍，内容也越来越丰富，除公司介绍外，还嵌入了与文化和员工故事相关的视频与图片，帮助候选人全方位了解企业。同时，移动端的新应用将更好地支持员工内部推荐，甚至外部推荐，让招聘“众筹模式”成为可能。

◆ 大数据

通常来说，招聘质量的高低与“人才与职位的匹配程度”有着密切的关联，大数据分析不仅可以帮助招聘人员在茫茫人海中发现与职位需求高度匹配的人才，还能在大量数据分析的基础上对人才的各方特点进行量化，最终实现人才与职位的高匹配度。

应聘者在面对企业众多的招聘职位时，仅仅通过职位描述，有时候很难分辨具体应该投递哪个职位，通常会采取海投或者盲投的方式。这样一来会增加招聘人员的工作量，二来盲目投递也会降低成功的可能性。IBM watson 技术，可以在候选人投递简历时，分析候选人的背景信息，通过大数据分析，将匹配度较高的职位推荐给候选人，帮助候选人更好地选择要投递的职位；同时，IBM watson 技术也可以根据对多年来候选人的投递信息、面试信息、录用信息的大数据分析，帮助招聘人员在成百上千名申请者中挑选出与职位匹配度最高的候选人，并给出量化的成功率，极大地提高了招聘效率。

在人才大战愈演愈烈的未来，招聘领域将变得越来越热门，也越来越重要。万变不离其宗，从以人为本的思维模式出发，去设计、引领招聘领域的变革，同时，勇于借鉴最新技术发展，拓展新的业务模式，将是未来招聘最终的发展方向。

参考：

LinkedIn 2016 年中国人才招聘趋势报告。

2016 年德勤研究——人力资源领域的 10 大趋势。

关于招聘趋势的真相，你误解了多少？（中国人力资源网）。

附录

附录一 《中华人民共和国劳动合同法》

第一章 总 则

第一条 为了完善劳动合同制度，明确劳动合同双方当事人的权利和义务，保护劳动者的合法权益，构建和发展和谐稳定的劳动关系，制定本法。

第二条 中华人民共和国境内的企业、个体经济组织、民办非企业单位等组织（以下称用人单位）与劳动者建立劳动关系，订立、履行、变更、解除或者终止劳动合同，适用本法。

国家机关、事业单位、社会团体和与其建立劳动关系的劳动者，订立、履行、变更、解除或者终止劳动合同，依照本法执行。

第三条 订立劳动合同，应当遵循合法、公平、平等自愿、协商一致、诚实信用的原则。

依法订立的劳动合同具有约束力，用人单位与劳动者应当履行劳动合同约定的义务。

第四条 用人单位应当依法建立和完善劳动规章制度，保障劳动者享有劳动权利、履行劳动义务。

用人单位在制定、修改或者决定有关劳动报酬、工作时间、休息休假、劳动安全卫生、保险福利、职工培训、劳动纪律以及劳动定额管理等直接涉及劳动者切身利益的规章制度或者重大事项时，应当经职工代表大会或者全体职工讨论，提出方案和意见，与工会或者职工代表平等协商确定。

在规章制度和重大事项决定实施过程中，工会或者职工认为不适当的，有权向用人单位提出，通过协商予以修改完善。

用人单位应当将直接涉及劳动者切身利益的规章制度和重大事项决定公示，或者告知劳动者。

第五条 县级以上人民政府劳动行政部门会同工会和企业方面代表，建立健全协调劳动关系三方机制，共同研究解决有关劳动关系的重大问题。

第六条 工会应当帮助、指导劳动者与用人单位依法订立和履行劳动合同，并与用人单位建立集体协商机制，维护劳动者的合法权益。

第二章 劳动合同的订立

第七条 用人单位自用工之日起即与劳动者建立劳动关系。用人单位应当建立职工名册备查。

第八条 用人单位招用劳动者时，应当如实告知劳动者工作内容、工作条件、工作地点、职业危害、安全生产状况、劳动报酬，以及劳动者要求了解的其他情况；用人单位有权了解劳动者与劳动合同直接相关的基本情况，劳动者应当如实说明。

第九条 用人单位招用劳动者，不得扣押劳动者的居民身份证和其他证件，不得要求劳动者提供担保或者以其他名义向劳动者收取财物。

第十条 建立劳动关系，应当订立书面劳动合同。

已建立劳动关系，未同时订立书面劳动合同的，应当自用工之日起一个月内订立书面劳动合同。

用人单位与劳动者在用工前订立劳动合同的，劳动关系自用工之日起建立。

第十一条 用人单位未在用工的同时订立书面劳动合同，与劳动者约定的劳动报酬不明确的，新招用的劳动者的劳动报酬按照集体合同规定的标准执行；没有集体合同或者集体合同未规定的，实行同工同酬。

第十二条 劳动合同分为固定期限劳动合同、无固定期限劳动合同和以完成一定工作任务为期限的劳动合同。

第十三条 固定期限劳动合同，是指用人单位与劳动者约定合同终止时间的劳动合同。

用人单位与劳动者协商一致，可以订立固定期限劳动合同。

第十四条 无固定期限劳动合同，是指用人单位与劳动者约定无确定终止时间的劳动合同。

用人单位与劳动者协商一致，可以订立无固定期限劳动合同。有下列情形之一，劳动者提出或者同意续订、订立劳动合同的，除劳动者提出订立固定期限劳动合同外，应当订立无固定期限劳动合同：

（一）劳动者在该用人单位连续工作满十年的；

（二）用人单位初次实行劳动合同制度或者国有企业改制重新订立劳动合同时，劳动者在该用人单位连续工作满十年且距法定退休年龄不足十年的；

（三）连续订立二次固定期限劳动合同，且劳动者没有本法第三十九条和第四十条第一项、第二项规定的情形，续订劳动合同的。

用人单位自用工之日起满一年不与劳动者订立书面劳动合同的，视为用人单位与劳动者已订立无固定期限劳动合同。

第十五条　以完成一定工作任务为期限的劳动合同，是指用人单位与劳动者约定以某项工作的完成为合同期限的劳动合同。

用人单位与劳动者协商一致，可以订立以完成一定工作任务为期限的劳动合同。

第十六条　劳动合同由用人单位与劳动者协商一致，并经用人单位与劳动者在劳动合同文本上签字或者盖章生效。

劳动合同文本由用人单位和劳动者各执一份。

第十七条　劳动合同应当具备以下条款：

（一）用人单位的名称、住所和法定代表人或者主要负责人；

（二）劳动者的姓名、住址和居民身份证或者其他有效身份证件号码；

（三）劳动合同期限；

（四）工作内容和工作地点；

（五）工作时间和休息休假；

（六）劳动报酬；

（七）社会保险；

（八）劳动保护、劳动条件和职业危害防护；

（九）法律、法规规定应当纳入劳动合同的其他事项。

劳动合同除前款规定的必备条款外，用人单位与劳动者可以约定试用期、培训、保守秘密、补充保险和福利待遇等其他事项。

第十八条　劳动合同对劳动报酬和劳动条件等标准约定不明确，引发争议的，用人单位与劳动者可以重新协商；协商不成的，适用集体合同规定；没有集体合同或者集体合同未规定劳动报酬的，实行同工同酬；没有集体合同或者集体合同未规定劳动条件等标准的，适用国家有关规定。

第十九条 劳动合同期限三个月以上不满一年的，试用期不得超过一个月；劳动合同期限一年以上不满三年的，试用期不得超过二个月；三年以上固定期限和无固定期限的劳动合同，试用期不得超过六个月。

同一用人单位与同一劳动者只能约定一次试用期。

以完成一定工作任务为期限的劳动合同或者劳动合同期限不满三个月的，不得约定试用期。

试用期包含在劳动合同期限内。劳动合同仅约定试用期的，试用期不成立，该期限为劳动合同期限。

第二十条 劳动者在试用期的工资不得低于本单位相同岗位最低档工资或者劳动合同约定工资的百分之八十，并不得低于用人单位所在地的最低工资标准。

第二十一条 在试用期中，除劳动者有本法第三十九条和第四十条第一项、第二项规定的情形外，用人单位不得解除劳动合同。用人单位在试用期解除劳动合同的，应当向劳动者说明理由。

第二十二条 用人单位为劳动者提供专项培训费用，对其进行专业技术培训的，可以与该劳动者订立协议，约定服务期。

劳动者违反服务期约定的，应当按照约定向用人单位支付违约金。违约金的数额不得超过用人单位提供的培训费用。用人单位要求劳动者支付的违约金不得超过服务期尚未履行部分所应分摊的培训费用。

用人单位与劳动者约定服务期的，不影响按照正常的工资调整机制提高劳动者在服务期期间的劳动报酬。

第二十三条 用人单位与劳动者可以在劳动合同中约定保守用人单位的商业秘密和与知识产权相关的保密事项。

对负有保密义务的劳动者，用人单位可以在劳动合同或者保密协议中与劳动者约定竞业限制条款，并约定在解除或者终止劳动合同后，在竞业限制期限内按月给予劳动者经济补偿。劳动者违反竞业限制约定的，应当按照约定向用人单位支付违约金。

第二十四条 竞业限制的人员限于用人单位的高级管理人员、高级技术人员和其他负有保密义务的人员。竞业限制的范围、地域、期限由用人单位与劳动者约定，竞业限制的约定不得违反法律、法规的规定。

在解除或者终止劳动合同后，前款规定的人员到与本单位生产或者经营同类产品、从事同类业务的有竞争关系的其他用人单位，或者自己开业生产或者经营同类产品、从事同类业务的竞业限制期限，不得超过二年。

第二十五条 除本法第二十二条和第二十三条规定的情形外，用人单位不得与劳动者约定由劳动者承担违约金。

第二十六条 下列劳动合同无效或者部分无效：

（一）以欺诈、胁迫的手段或者乘人之危，使对方在违背真实意思的情况下订立或者变更劳动合同的；

（二）用人单位免除自己的法定责任、排除劳动者权利的；

（三）违反法律、行政法规强制性规定的。

对劳动合同的无效或者部分无效有争议的，由劳动争议仲裁机构或者人民法院确认。

第二十七条 劳动合同部分无效，不影响其他部分效力的，其他部分仍然有效。

第二十八条 劳动合同被确认无效，劳动者已付出劳动的，用人单位应当向劳动者支付劳动报酬。劳动报酬的数额，参照本单位相同或者相近岗位劳动者的劳动报酬确定。

第三章　劳动合同的履行和变更

第二十九条 用人单位与劳动者应当按照劳动合同的约定，全面履行各自的义务。

第三十条 用人单位应当按照劳动合同约定和国家规定，向劳动者及时足额支付劳动报酬。

用人单位拖欠或者未足额支付劳动报酬的，劳动者可以依法向当地人民法院申请支付令，人民法院应当依法发出支付令。

第三十一条 用人单位应当严格执行劳动定额标准，不得强迫或者变相强迫劳动者加班。用人单位安排加班的，应当按照国家有关规定向劳动者支付加班费。

第三十二条 劳动者拒绝用人单位管理人员违章指挥、强令冒险作业的，不视为违反劳动合同。

劳动者对危害生命安全和身体健康的劳动条件，有权对用人单位提出批评、检举和控告。

第三十三条 用人单位变更名称、法定代表人、主要负责人或者投资人等事项，不影响劳动合同的履行。

第三十四条 用人单位发生合并或者分立等情况，原劳动合同继续有效，劳动合同由承继其权利和义务的用人单位继续履行。

第三十五条 用人单位与劳动者协商一致，可以变更劳动合同约定的内容。变更劳动合同，应当采用书面形式。

变更后的劳动合同文本由用人单位和劳动者各执一份。

第四章 劳动合同的解除和终止

第三十六条 用人单位与劳动者协商一致，可以解除劳动合同。

第三十七条 劳动者提前三十日以书面形式通知用人单位，可以解除劳动合同。劳动者在试用期内提前三日通知用人单位，可以解除劳动合同。

第三十八条 用人单位有下列情形之一的，劳动者可以解除劳动合同：

（一）未按照劳动合同约定提供劳动保护或者劳动条件的；

（二）未及时足额支付劳动报酬的；

（三）未依法为劳动者缴纳社会保险费的；

（四）用人单位的规章制度违反法律、法规的规定，损害劳动者权益的；

（五）因本法第二十六条第一款规定的情形致使劳动合同无效的；

（六）法律、行政法规规定劳动者可以解除劳动合同的其他情形。

用人单位以暴力、威胁或者非法限制人身自由的手段强迫劳动者劳动的，或者用人单位违章指挥、强令冒险作业危及劳动者人身安全的，劳动者可以立即解除劳动合同，不需事先告知用人单位。

第三十九条 劳动者有下列情形之一的，用人单位可以解除劳动合同：

（一）在试用期间被证明不符合录用条件的；

（二）严重违反用人单位的规章制度的；

（三）严重失职，营私舞弊，给用人单位造成重大损害的；

（四）劳动者同时与其他用人单位建立劳动关系，对完成本单位的工作任务造成严重影响，或者经用人单位提出，拒不改正的；

（五）因本法第二十六条第一款第一项规定的情形致使劳动合同无效的；

（六）被依法追究刑事责任的。

第四十条 有下列情形之一的，用人单位提前三十日以书面形式通知劳动者本人或者额外支付劳动者一个月工资后，可以解除劳动合同：

（一）劳动者患病或者非因工负伤，在规定的医疗期满后不能从事原工作，也不能从事由用人单位另行安排的工作的；

（二）劳动者不能胜任工作，经过培训或者调整工作岗位，仍不能胜任工作的；

（三）劳动合同订立时所依据的客观情况发生重大变化，致使劳动合同无法履行，经用人单位与劳动者协商，未能就变更劳动合同内容达成协议的。

第四十一条 有下列情形之一，需要裁减人员二十人以上或者裁减不足二十人但占企业职工总数百分之十以上的，用人单位提前三十日向工会或者全体职工说明情况，听取工会或者职工的意见后，裁减人员方案经向劳动行政部门报告，可以裁减人员：

（一）依照企业破产法规定进行重整的；

（二）生产经营发生严重困难的；

（三）企业转产、重大技术革新或者经营方式调整，经变更劳动合同后，仍需裁减人员的；

（四）其他因劳动合同订立时所依据的客观经济情况发生重大变化，致使劳动合同无法履行的。

裁减人员时，应当优先留用下列人员：

（一）与本单位订立较长期限的固定期限劳动合同的；

（二）与本单位订立无固定期限劳动合同的；

（三）家庭无其他就业人员，有需要扶养的老人或者未成年人的。

用人单位依照本条第一款规定裁减人员，在六个月内重新招用人员的，应当通知被裁减的人员，并在同等条件下优先招用被裁减的人员。

第四十二条 劳动者有下列情形之一的，用人单位不得依照本法第四十条、第四十一条的规定解除劳动合同：

（一）从事接触职业病危害作业的劳动者未进行离岗前职业健康检查，或者疑似职业病病人在诊断或者医学观察期间的；

（二）在本单位患职业病或者因工负伤并被确认丧失或者部分丧失劳动能力的；

（三）患病或者非因工负伤，在规定的医疗期内的；

（四）女职工在孕期、产期、哺乳期的；

（五）在本单位连续工作满十五年，且距法定退休年龄不足五年的；

（六）法律、行政法规规定的其他情形。

第四十三条 用人单位单方解除劳动合同，应当事先将理由通知工会。用人单位违反法律、行政法规规定或者劳动合同约定的，工会有权要求用人单位纠正。用人单位应当研究工会的意见，并将处理结果书面通知工会。

第四十四条 有下列情形之一的，劳动合同终止：

（一）劳动合同期满的；

（二）劳动者开始依法享受基本养老保险待遇的；

（三）劳动者死亡，或者被人民法院宣告死亡或者宣告失踪的；

（四）用人单位被依法宣告破产的；

（五）用人单位被吊销营业执照、责令关闭、撤销或者用人单位决定提前解散的；

（六）法律、行政法规规定的其他情形。

第四十五条 劳动合同期满，有本法第四十二条规定情形之一的，劳动合同应当续延至相应的情形消失时终止。但是，本法第四十二条第二项规定丧失或者部分丧失劳动能力劳动者的劳动合同的终止，按照国家有关工伤保险的规定执行。

第四十六条 有下列情形之一的，用人单位应当向劳动者支付经济补偿：

（一）劳动者依照本法第三十八条规定解除劳动合同的；

（二）用人单位依照本法第三十六条规定向劳动者提出解除劳动合同并与劳动者协商一致解除劳动合同的；

（三）用人单位依照本法第四十条规定解除劳动合同的；

（四）用人单位依照本法第四十一条第一款规定解除劳动合同的；

（五）除用人单位维持或者提高劳动合同约定条件续订劳动合同，劳动者不同意续订的情形外，依照本法第四十四条第一项规定终止固定期限劳动合同的；

（六）依照本法第四十四条第四项、第五项规定终止劳动合同的；

（七）法律、行政法规规定的其他情形。

第四十七条 经济补偿按劳动者在本单位工作的年限，每满一年支付一个月工资的标准向劳动者支付。六个月以上不满一年的，按一年计算；不满六个月的，向劳动者支付半个月工资的经济补偿。

劳动者月工资高于用人单位所在直辖市、设区的市级人民政府公布的本地区上年度职工月平均工资三倍的，向其支付经济补偿的标准按职工月平均工资三倍的数额支付，向其支付经济补偿的年限最高不超过十二年。

本条所称月工资是指劳动者在劳动合同解除或者终止前十二个月的平均工资。

第四十八条 用人单位违反本法规定解除或者终止劳动合同，劳动者要求继续履行劳动合同的，用人单位应当继续履行；劳动者不要求继续履行劳动合同或者劳动合同已经不能继续履行的，用人单位应当依照本法第八十七条规定支付赔偿金。

第四十九条 国家采取措施，建立健全劳动者社会保险关系跨地区转移接续制度。

第五十条 用人单位应当在解除或者终止劳动合同时出具解除或者终止劳动合同的证明，并在十五日内为劳动者办理档案和社会保险关系转移手续。

劳动者应当按照双方约定，办理工作交接。用人单位依照本法有关规定应当向劳动者支付经济补偿的，在办结工作交接时支付。

用人单位对已经解除或者终止的劳动合同的文本，至少保存二年备查。

第五章　特别规定

第一节　集体合同

第五十一条　企业职工一方与用人单位通过平等协商，可以就劳动报酬、工作时间、休息休假、劳动安全卫生、保险福利等事项订立集体合同。集体合同草案应当提交职工代表大会或者全体职工讨论通过。

集体合同由工会代表企业职工一方与用人单位订立；尚未建立工会的用人单位，由上级工会指导劳动者推举的代表与用人单位订立。

第五十二条　企业职工一方与用人单位可以订立劳动安全卫生、女职工权益保护、工资调整机制等专项集体合同。

第五十三条　在县级以下区域内，建筑业、采矿业、餐饮服务业等行业可以由工会与企业方面代表订立行业性集体合同，或者订立区域性集体合同。

第五十四条　集体合同订立后，应当报送劳动行政部门；劳动行政部门自收到集体合同文本之日起十五日内未提出异议的，集体合同即行生效。

依法订立的集体合同对用人单位和劳动者具有约束力。行业性、区域性集体合同对当地本行业、本区域的用人单位和劳动者具有约束力。

第五十五条　集体合同中劳动报酬和劳动条件等标准不得低于当地人民政府规定的最低标准；用人单位与劳动者订立的劳动合同中劳动报酬和劳动条件等标准不得低于集体合同规定的标准。

第五十六条　用人单位违反集体合同，侵犯职工劳动权益的，工会可以依法要求用人单位承担责任；因履行集体合同发生争议，经协商解决不成的，工会可以依法申请仲裁、提起诉讼。

第二节　劳务派遣

第五十七条　经营劳务派遣业务应当具备下列条件：

（一）注册资本不得少于人民币二百万元；

（二）有与开展业务相适应的固定的经营场所和设施；

（三）有符合法律、行政法规规定的劳务派遣管理制度；

（四）法律、行政法规规定的其他条件。

经营劳务派遣业务，应当向劳动行政部门依法申请行政许可；经许可的，依法办理相应的公司登记。未经许可，任何单位和个人不得经营劳务派遣业务。

第五十八条 劳务派遣单位是本法所称用人单位，应当履行用人单位对劳动者的义务。劳务派遣单位与被派遣劳动者订立的劳动合同，除应当载明本法第十七条规定的事项外，还应当载明被派遣劳动者的用工单位以及派遣期限、工作岗位等情况。

劳务派遣单位应当与被派遣劳动者订立二年以上的固定期限劳动合同，按月支付劳动报酬；被派遣劳动者在无工作期间，劳务派遣单位应当按照所在地人民政府规定的最低工资标准，向其按月支付报酬。

第五十九条 劳务派遣单位派遣劳动者应当与接受以劳务派遣形式用工的单位（以下称用工单位）订立劳务派遣协议。劳务派遣协议应当约定派遣岗位和人员数量、派遣期限、劳动报酬和社会保险费的数额与支付方式以及违反协议的责任。

用工单位应当根据工作岗位的实际需要与劳务派遣单位确定派遣期限，不得将连续用工期限分割订立数个短期劳务派遣协议。

第六十条 劳务派遣单位应当将劳务派遣协议的内容告知被派遣劳动者。

劳务派遣单位不得克扣用工单位按照劳务派遣协议支付给被派遣劳动者的劳动报酬。

劳务派遣单位和用工单位不得向被派遣劳动者收取费用。

第六十一条 劳务派遣单位跨地区派遣劳动者的，被派遣劳动者享有的劳动报酬和劳动条件，按照用工单位所在地的标准执行。

第六十二条 用工单位应当履行下列义务：

（一）执行国家劳动标准，提供相应的劳动条件和劳动保护；

（二）告知被派遣劳动者的工作要求和劳动报酬；

（三）支付加班费、绩效奖金，提供与工作岗位相关的福利待遇；

（四）对在岗被派遣劳动者进行工作岗位所必需的培训；

（五）连续用工的，实行正常的工资调整机制。

用工单位不得将被派遣劳动者再派遣到其他用人单位。

第六十三条 被派遣劳动者享有与用工单位的劳动者同工同酬的权利。用工单位应当按照同工同酬原则，对被派遣劳动者与本单位同类岗位的劳动者实行相同的劳动报酬分配办法。用工单位无同类岗位劳动者的，参照用工单位所在地相同或者相近岗位劳动者的劳动报酬确定。

劳务派遣单位与被派遣劳动者订立的劳动合同和与用工单位订立的劳务派遣协议，载明或者约定的向被派遣劳动者支付的劳动报酬应当符合前款规定。

第六十四条 被派遣劳动者有权在劳务派遣单位或者用工单位依法参加或者组织工会，维护自身的合法权益。

第六十五条 被派遣劳动者可以依照本法第三十六条、第三十八条的规定与劳务派遣单位解除劳动合同。

被派遣劳动者有本法第三十九条和第四十条第一项、第二项规定情形的，用工单位可以将劳动者退回劳务派遣单位，劳务派遣单位依照本法有关规定，可以与劳动者解除劳动合同。

第六十六条 劳动合同用工是我国的企业基本用工形式。劳务派遣用工是补充形式，只能在临时性、辅助性或者替代性的工作岗位上实施。

前款规定的临时性工作岗位是指存续时间不超过六个月的岗位；辅助性工作岗位是指为主营业务岗位提供服务的非主营业务岗位；替代性工作岗位是指用工单位的劳动者因脱产学习、休假等原因无法工作的一定期间内，可以由其他劳动者替代工作的岗位。

用工单位应当严格控制劳务派遣用工数量，不得超过其用工总量的一定比例，具体比例由国务院劳动行政部门规定。

第六十七条 用人单位不得设立劳务派遣单位向本单位或者所属单位派遣劳动者。

第三节　非全日制用工

第六十八条 非全日制用工，是指以小时计酬为主，劳动者在同一用人单位一般平均每日工作时间不超过四小时，每周工作时间累计不超过二十四小时的用工形式。

第六十九条 非全日制用工双方当事人可以订立口头协议。

从事非全日制用工的劳动者可以与一个或者一个以上用人单位订立劳动合同；但是，后订立的劳动合同不得影响先订立的劳动合同的履行。

第七十条 非全日制用工双方当事人不得约定试用期。

第七十一条 非全日制用工双方当事人任何一方都可以随时通知对方终止用工。终止用工，用人单位不向劳动者支付经济补偿。

第七十二条 非全日制用工小时计酬标准不得低于用人单位所在地人民政府规定的最低小时工资标准。

非全日制用工劳动报酬结算支付周期最长不得超过十五日。

第六章　监督检查

第七十三条 国务院劳动行政部门负责全国劳动合同制度实施的监督管理。

县级以上地方人民政府劳动行政部门负责本行政区域内劳动合同制度实施的监督管理。

县级以上各级人民政府劳动行政部门在劳动合同制度实施的监督管理工作中，应当听取工会、企业方面代表以及有关行业主管部门的意见。

第七十四条 县级以上地方人民政府劳动行政部门依法对下列实施劳动合同制度的情况进行监督检查：

（一）用人单位制定直接涉及劳动者切身利益的规章制度及其执行的情况；

（二）用人单位与劳动者订立和解除劳动合同的情况；

（三）劳务派遣单位和用工单位遵守劳务派遣有关规定的情况；

（四）用人单位遵守国家关于劳动者工作时间和休息休假规定的情况；

（五）用人单位支付劳动合同约定的劳动报酬和执行最低工资标准的情况；

（六）用人单位参加各项社会保险和缴纳社会保险费的情况；

（七）法律、法规规定的其他劳动监察事项。

第七十五条 县级以上地方人民政府劳动行政部门实施监督检查时，有权查阅与劳动合同、集体合同有关的材料，有权对劳动场所进行实地检查，用人单位和劳动者都应当如实提供有关情况和材料。

劳动行政部门的工作人员进行监督检查，应当出示证件，依法行使职权，文明执法。

第七十六条 县级以上人民政府建设、卫生、安全生产监督管理等有关主管部门在各自职责范围内，对用人单位执行劳动合同制度的情况进行监督管理。

第七十七条 劳动者合法权益受到侵害的，有权要求有关部门依法处理，或者依法申请仲裁、提起诉讼。

第七十八条 工会依法维护劳动者的合法权益，对用人单位履行劳动合同、集体合同的情况进行监督。用人单位违反劳动法律、法规和劳动合同、集体合同的，工会有权提出意见或者要求纠正；劳动者申请仲裁、提起诉讼的，工会依法给予支持和帮助。

第七十九条 任何组织或者个人对违反本法的行为都有权举报，县级以上人民政府劳动行政部门应当及时核实、处理，并对举报有功人员给予奖励。

第七章 法律责任

第八十条 用人单位直接涉及劳动者切身利益的规章制度违反法律、法规规定的，由劳动行政部门责令改正，给予警告；给劳动者造成损害的，应当承担赔偿责任。

第八十一条 用人单位提供的劳动合同文本未载明本法规定的劳动合同必备条款或者用人单位未将劳动合同文本交付劳动者的，由劳动行政部门责令改正；给劳动者造成损害的，应当承担赔偿责任。

第八十二条 用人单位自用工之日起超过一个月不满一年未与劳动者订立书面劳动合同的，应当向劳动者每月支付二倍的工资。

用人单位违反本法规定不与劳动者订立无固定期限劳动合同的，自应当订立无固定期限劳动合同之日起向劳动者每月支付二倍的工资。

第八十三条 用人单位违反本法规定与劳动者约定试用期的，由劳动行政部门责令改正；违法约定的试用期已经履行的，由用人单位以劳动者试用期满月工资为标准，按已经履行的超过法定试用期的期间向劳动者支付赔偿金。

第八十四条 用人单位违反本法规定，扣押劳动者居民身份证等证件的，由劳动行政部门责令限期退还劳动者本人，并依照有关法律规定给予处罚。

用人单位违反本法规定，以担保或者其他名义向劳动者收取财物的，由劳动行政部门责令限期退还劳动者本人，并以每人五百元以上二千元以下的标准处以罚款；给劳动者造成损害的，应当承担赔偿责任。

劳动者依法解除或者终止劳动合同，用人单位扣押劳动者档案或者其他物品的，依照前款规定处罚。

第八十五条 用人单位有下列情形之一的，由劳动行政部门责令限期支付劳动报酬、加班费或者经济补偿；劳动报酬低于当地最低工资标准的，应当支付其差额部分；逾期不支付的，责令用人单位按应付金额百分之五十以上百分之一百以下的标准向劳动者加付赔偿金：

（一）未按照劳动合同的约定或者国家规定及时足额支付劳动者劳动报酬的；

（二）低于当地最低工资标准支付劳动者工资的；

（三）安排加班不支付加班费的；

（四）解除或者终止劳动合同，未依照本法规定向劳动者支付经济补偿的。

第八十六条 劳动合同依照本法第二十六条规定被确认无效，给对方造成损害的，有过错的一方应当承担赔偿责任。

第八十七条 用人单位违反本法规定解除或者终止劳动合同的，应当依照本法第四十七条规定的经济补偿标准的二倍向劳动者支付赔偿金。

第八十八条 用人单位有下列情形之一的，依法给予行政处罚；构成犯罪的，依法追究刑事责任；给劳动者造成损害的，应当承担赔偿责任：

（一）以暴力、威胁或者非法限制人身自由的手段强迫劳动的；

（二）违章指挥或者强令冒险作业危及劳动者人身安全的；

（三）侮辱、体罚、殴打、非法搜查或者拘禁劳动者的；

（四）劳动条件恶劣、环境污染严重，给劳动者身心健康造成严重损害的。

第八十九条 用人单位违反本法规定未向劳动者出具解除或者终止劳动合同的书面证明，由劳动行政部门责令改正；给劳动者造成损害的，应当承担赔偿责任。

第九十条 劳动者违反本法规定解除劳动合同，或者违反劳动合同中约定的保密义务或者竞业限制，给用人单位造成损失的，应当承担赔偿责任。

第九十一条 用人单位招用与其他用人单位尚未解除或者终止劳动合同的劳动者，给其他用人单位造成损失的，应当承担连带赔偿责任。

第九十二条 违反本法规定，未经许可，擅自经营劳务派遣业务的，由劳动行政部门责令停止违法行为，没收违法所得，并处违法所得一倍以上五倍以下的罚款；没有违法所得的，可以处五万元以下的罚款。

劳务派遣单位、用工单位违反本法有关劳务派遣规定的，由劳动行政部门责令限期改正；逾期不改正的，以每人五千元以上一万元以下的标准处以罚款，对劳务派遣单位，吊销其劳务派遣业务经营许可证。用工单位给被派遣劳动者造成损害的，劳务派遣单位与用工单位承担连带赔偿责任。

第九十三条 对不具备合法经营资格的用人单位的违法犯罪行为，依法追究法律责任；劳动者已经付出劳动的，该单位或者其出资人应当依照本法有关规定向劳动者支付劳动报酬、经济补偿、赔偿金；给劳动者造成损害的，应当承担赔偿责任。

第九十四条 个人承包经营违反本法规定招用劳动者，给劳动者造成损害的，发包的组织与个人承包经营者承担连带赔偿责任。

第九十五条 劳动行政部门和其他有关主管部门及其工作人员玩忽职守、不履行法定职责，或者违法行使职权，给劳动者或者用人单位造成损害的，应当承担赔偿责任；对直接负责的主管人员和其他直接责任人员，依法给予行政处分；构成犯罪的，依法追究刑事责任。

第八章 附 则

第九十六条 事业单位与实行聘用制的工作人员订立、履行、变更、解除或者终止劳动合同，法律、行政法规或者国务院另有规定的，依照其规定；未作规定的，依照本法有关规定执行。

第九十七条 本法施行前已依法订立且在本法施行之日存续的劳动合同，继续履行；本法第十四条第二款第三项规定连续订立固定期限劳动合同的次数，自本法施行后续订固定期限劳动合同时开始计算。

本法施行前已建立劳动关系，尚未订立书面劳动合同的，应当自本法施行之日起一个月内订立。

本法施行之日存续的劳动合同在本法施行后解除或者终止，依照本法第四十六条规定应当支付经济补偿的，经济补偿年限自本法施行之日起计算；本法施行前按照当时有关规定，用人单位应当向劳动者支付经济补偿的，按照当时有关规定执行。

第九十八条 本法自2008年1月1日起施行。

附录二 《中华人民共和国社会保险法》

第一章 总 则

第一条 为了规范社会保险关系，维护公民参加社会保险和享受社会保险待遇的合法权益，使公民共享发展成果，促进社会和谐稳定，根据宪法，制定本法。

第二条 国家建立基本养老保险、基本医疗保险、工伤保险、失业保险、生育保险等社会保险制度，保障公民在年老、疾病、工伤、失业、生育等情况下依法从国家和社会获得物质帮助的权利。

第三条 社会保险制度坚持广覆盖、保基本、多层次、可持续的方针，社会保险水平应当与经济社会发展水平相适应。

第四条 中华人民共和国境内的用人单位和个人依法缴纳社会保险费，有权查询缴费记录、个人权益记录，要求社会保险经办机构提供社会保险咨询等相关服务。

个人依法享受社会保险待遇，有权监督本单位为其缴费情况。

第五条 县级以上人民政府将社会保险事业纳入国民经济和社会发展规划。

国家多渠道筹集社会保险资金。县级以上人民政府对社会保险事业给予必要经费支持。

国家通过税收优惠政策支持社会保险事业。

第六条 国家对社会保险基金实行严格监管。

国务院和省、自治区、直辖市人民政府建立健全社会保险基金监督管理制度，保障社会保险基金安全、有效运行。

县级以上人民政府采取措施，鼓励和支持社会各方面参与社会保险基金的监督。

第七条 国务院社会保险行政部门负责全国的社会保险管理工作，国务院其他有关部门在各自的职责范围内负责有关的社会保险工作。

县级以上地方人民政府社会保险行政部门负责本行政区域的社会保险管理工作，县级以上地方人民政府其他有关部门在各自的职责范围内负责有关的社会保险工作。

第八条 社会保险经办机构提供社会保险服务，负责社会保险登记、个人权益记录、社会保险待遇支付等工作。

第九条 工会依法维护职工的合法权益，有权参与社会保险重大事项的研究，参加社会保险监督委员会，对与职工社会保险权益有关的事项进行监督。

第二章　基本养老保险

第十条 职工应当参加基本养老保险，由用人单位和职工共同缴纳基本养老保险费。

无雇工的个体工商户、未在用人单位参加基本养老保险的非全日制从业人员以及其他灵活就业人员可以参加基本养老保险，由个人缴纳基本养老保险费。

公务员和参照公务员法管理的工作人员养老保险的办法由国务院规定。

第十一条 基本养老保险实行社会统筹与个人账户相结合。

基本养老保险基金由用人单位和个人缴费以及政府补贴等组成。

第十二条 用人单位应当按照国家规定的本单位职工工资总额的比例缴纳基本养老保险费，记入基本养老保险统筹基金。

职工应当按照国家规定的本人工资的比例缴纳基本养老保险费，记入个人账户。

无雇工的个体工商户、未在用人单位参加基本养老保险的非全日制从业人员以及其他灵活就业人员参加基本养老保险的，应当按照国家规定缴纳基本养老保险费，分别记入基本养老保险统筹基金和个人账户。

第十三条 国有企业、事业单位职工参加基本养老保险前，视同缴费年限期间应当缴纳的基本养老保险费由政府承担。

基本养老保险基金出现支付不足时，政府给予补贴。

第十四条 个人账户不得提前支取，记账利率不得低于银行定期存款利率，免征利息税。个人死亡的，个人账户余额可以继承。

第十五条 基本养老金由统筹养老金和个人账户养老金组成。

基本养老金根据个人累计缴费年限、缴费工资、当地职工平均工资、个人账户金额、城镇人口平均预期寿命等因素确定。

第十六条 参加基本养老保险的个人，达到法定退休年龄时累计缴费满十五年的，按月领取基本养老金。

参加基本养老保险的个人，达到法定退休年龄时累计缴费不足十五年的，可以缴费至满十五年，按月领取基本养老金；也可以转入新型农村社会养老保险或者城镇居民社会养老保险，按照国务院规定享受相应的养老保险待遇。

第十七条 参加基本养老保险的个人，因病或者非因工死亡的，其遗属可以领取丧葬补助金和抚恤金；在未达到法定退休年龄时因病或者非因工致残完全丧失劳动能力的，可以领取病残津贴。所需资金从基本养老保险基金中支付。

第十八条 国家建立基本养老金正常调整机制。根据职工平均工资增长、物价上涨情况，适时提高基本养老保险待遇水平。

第十九条 个人跨统筹地区就业的，其基本养老保险关系随本人转移，缴费年限累计计算。个人达到法定退休年龄时，基本养老金分段计算、统一支付。具体办法由国务院规定。

第二十条 国家建立和完善新型农村社会养老保险制度。

新型农村社会养老保险实行个人缴费、集体补助和政府补贴相结合。

第二十一条 新型农村社会养老保险待遇由基础养老金和个人账户养老金组成。

参加新型农村社会养老保险的农村居民，符合国家规定条件的，按月领取新型农村社会养老保险待遇。

第二十二条 国家建立和完善城镇居民社会养老保险制度。

省、自治区、直辖市人民政府根据实际情况，可以将城镇居民社会养老保险和新型农村社会养老保险合并实施。

第三章　基本医疗保险

第二十三条　职工应当参加职工基本医疗保险，由用人单位和职工按照国家规定共同缴纳基本医疗保险费。

无雇工的个体工商户、未在用人单位参加职工基本医疗保险的非全日制从业人员以及其他灵活就业人员可以参加职工基本医疗保险，由个人按照国家规定缴纳基本医疗保险费。

第二十四条　国家建立和完善新型农村合作医疗制度。

新型农村合作医疗的管理办法，由国务院规定。

第二十五条　国家建立和完善城镇居民基本医疗保险制度。

城镇居民基本医疗保险实行个人缴费和政府补贴相结合。

享受最低生活保障的人、丧失劳动能力的残疾人、低收入家庭六十周岁以上的老年人和未成年人等所需个人缴费部分，由政府给予补贴。

第二十六条　职工基本医疗保险、新型农村合作医疗和城镇居民基本医疗保险的待遇标准按照国家规定执行。

第二十七条　参加职工基本医疗保险的个人，达到法定退休年龄时累计缴费达到国家规定年限的，退休后不再缴纳基本医疗保险费，按照国家规定享受基本医疗保险待遇；未达到国家规定年限的，可以缴费至国家规定年限。

第二十八条　符合基本医疗保险药品目录、诊疗项目、医疗服务设施标准以及急诊、抢救的医疗费用，按照国家规定从基本医疗保险基金中支付。

第二十九条　参保人员医疗费用中应当由基本医疗保险基金支付的部分，由社会保险经办机构与医疗机构、药品经营单位直接结算。

社会保险行政部门和卫生行政部门应当建立异地就医医疗费用结算制度，方便参保人员享受基本医疗保险待遇。

第三十条　下列医疗费用不纳入基本医疗保险基金支付范围：

（一）应当从工伤保险基金中支付的；

（二）应当由第三人负担的；

（三）应当由公共卫生负担的；

（四）在境外就医的。

医疗费用依法应当由第三人负担，第三人不支付或者无法确定第三人的，由基本医疗保险基金先行支付。基本医疗保险基金先行支付后，有权向第三人追偿。

第三十一条 社会保险经办机构根据管理服务的需要，可以与医疗机构、药品经营单位签订服务协议，规范医疗服务行为。

医疗机构应当为参保人员提供合理、必要的医疗服务。

第三十二条 个人跨统筹地区就业的，其基本医疗保险关系随本人转移，缴费年限累计计算。

第四章 工伤保险

第三十三条 职工应当参加工伤保险，由用人单位缴纳工伤保险费，职工不缴纳工伤保险费。

第三十四条 国家根据不同行业的工伤风险程度确定行业的差别费率，并根据使用工伤保险基金、工伤发生率等情况在每个行业内确定费率档次。行业差别费率和行业内费率档次由国务院社会保险行政部门制定，报国务院批准后公布施行。

社会保险经办机构根据用人单位使用工伤保险基金、工伤发生率和所属行业费率档次等情况，确定用人单位缴费费率。

第三十五条 用人单位应当按照本单位职工工资总额，根据社会保险经办机构确定的费率缴纳工伤保险费。

第三十六条 职工因工作原因受到事故伤害或者患职业病，且经工伤认定的，享受工伤保险待遇；其中，经劳动能力鉴定丧失劳动能力的，享受伤残待遇。

工伤认定和劳动能力鉴定应当简捷、方便。

第三十七条 职工因下列情形之一导致本人在工作中伤亡的，不认定为工伤：

（一）故意犯罪；

（二）醉酒或者吸毒；

（三）自残或者自杀；

（四）法律、行政法规规定的其他情形。

第三十八条 因工伤发生的下列费用，按照国家规定从工伤保险基金中支付：

（一）治疗工伤的医疗费用和康复费用；

（二）住院伙食补助费；

（三）到统筹地区以外就医的交通食宿费；

（四）安装配置伤残辅助器具所需费用；

（五）生活不能自理的，经劳动能力鉴定委员会确认的生活护理费；

（六）一次性伤残补助金和一至四级伤残职工按月领取的伤残津贴；

（七）终止或者解除劳动合同时，应当享受的一次性医疗补助金；

（八）因工死亡的，其遗属领取的丧葬补助金、供养亲属抚恤金和因工死亡补助金；

（九）劳动能力鉴定费。

第三十九条 因工伤发生的下列费用，按照国家规定由用人单位支付：

（一）治疗工伤期间的工资福利；

（二）五级、六级伤残职工按月领取的伤残津贴；

（三）终止或者解除劳动合同时，应当享受的一次性伤残就业补助金。

第四十条 工伤职工符合领取基本养老金条件的，停发伤残津贴，享受基本养老保险待遇。基本养老保险待遇低于伤残津贴的，从工伤保险基金中补足差额。

第四十一条 职工所在用人单位未依法缴纳工伤保险费，发生工伤事故的，由用人单位支付工伤保险待遇。用人单位不支付的，从工伤保险基金中先行支付。

从工伤保险基金中先行支付的工伤保险待遇应当由用人单位偿还。用人单位不偿还的，社会保险经办机构可以依照本法第六十三条的规定追偿。

第四十二条 由于第三人的原因造成工伤，第三人不支付工伤医疗费用或者无法确定第三人的，由工伤保险基金先行支付。工伤保险基金先行支付后，有权向第三人追偿。

第四十三条 工伤职工有下列情形之一的，停止享受工伤保险待遇：

（一）丧失享受待遇条件的；

（二）拒不接受劳动能力鉴定的；

（三）拒绝治疗的。

第五章　失业保险

第四十四条　职工应当参加失业保险，由用人单位和职工按照国家规定共同缴纳失业保险费。

第四十五条　失业人员符合下列条件的，从失业保险基金中领取失业保险金：

（一）失业前用人单位和本人已经缴纳失业保险费满一年的；

（二）非因本人意愿中断就业的；

（三）已经进行失业登记，并有求职要求的。

第四十六条　失业人员失业前用人单位和本人累计缴费满一年不足五年的，领取失业保险金的期限最长为十二个月；累计缴费满五年不足十年的，领取失业保险金的期限最长为十八个月；累计缴费十年以上的，领取失业保险金的期限最长为二十四个月。重新就业后，再次失业的，缴费时间重新计算，领取失业保险金的期限与前次失业应当领取而尚未领取的失业保险金的期限合并计算，最长不超过二十四个月。

第四十七条　失业保险金的标准，由省、自治区、直辖市人民政府确定，不得低于城市居民最低生活保障标准。

第四十八条　失业人员在领取失业保险金期间，参加职工基本医疗保险，享受基本医疗保险待遇。

失业人员应当缴纳的基本医疗保险费从失业保险基金中支付，个人不缴纳基本医疗保险费。

第四十九条　失业人员在领取失业保险金期间死亡的，参照当地对在职职工死亡的规定，向其遗属发给一次性丧葬补助金和抚恤金。所需资金从失业保险基金中支付。

个人死亡同时符合领取基本养老保险丧葬补助金、工伤保险丧葬补助金和失业保险丧葬补助金条件的，其遗属只能选择领取其中的一项。

第五十条　用人单位应当及时为失业人员出具终止或者解除劳动关系的证明，并将失业人员的名单自终止或者解除劳动关系之日起十五日内告知社会保险经办机构。

失业人员应当持本单位为其出具的终止或者解除劳动关系的证明，及时到指定的公共就业服务机构办理失业登记。

失业人员凭失业登记证明和个人身份证明，到社会保险经办机构办理领取失业保险金的手续。失业保险金领取期限自办理失业登记之日起计算。

第五十一条　失业人员在领取失业保险金期间有下列情形之一的，停止领取失业保险金，并同时停止享受其他失业保险待遇：

（一）重新就业的；

（二）应征服兵役的；

（三）移居境外的；

（四）享受基本养老保险待遇的；

（五）无正当理由，拒不接受当地人民政府指定部门或者机构介绍的适当工作或者提供的培训的。

第五十二条　职工跨统筹地区就业的，其失业保险关系随本人转移，缴费年限累计计算。

第六章　生育保险

第五十三条　职工应当参加生育保险，由用人单位按照国家规定缴纳生育保险费，职工不缴纳生育保险费。

第五十四条　用人单位已经缴纳生育保险费的，其职工享受生育保险待遇；职工未就业配偶按照国家规定享受生育医疗费用待遇。所需资金从生育保险基金中支付。

生育保险待遇包括生育医疗费用和生育津贴。

第五十五条　生育医疗费用包括下列各项：

（一）生育的医疗费用；

（二）计划生育的医疗费用；

（三）法律、法规规定的其他项目费用。

第五十六条 职工有下列情形之一的，可以按照国家规定享受生育津贴：

（一）女职工生育享受产假；

（二）享受计划生育手术休假；

（三）法律、法规规定的其他情形。

生育津贴按照职工所在用人单位上年度职工月平均工资计发。

第七章 社会保险费征缴

第五十七条 用人单位应当自成立之日起三十日内凭营业执照、登记证书或者单位印章，向当地社会保险经办机构申请办理社会保险登记。社会保险经办机构应当自收到申请之日起十五日内予以审核，发给社会保险登记证件。

用人单位的社会保险登记事项发生变更或者用人单位依法终止的，应当自变更或者终止之日起三十日内，到社会保险经办机构办理变更或者注销社会保险登记。

工商行政管理部门、民政部门和机构编制管理机关应当及时向社会保险经办机构通报用人单位的成立、终止情况，公安机关应当及时向社会保险经办机构通报个人的出生、死亡以及户口登记、迁移、注销等情况。

第五十八条 用人单位应当自用工之日起三十日内为其职工向社会保险经办机构申请办理社会保险登记。未办理社会保险登记的，由社会保险经办机构核定其应当缴纳的社会保险费。

自愿参加社会保险的无雇工的个体工商户、未在用人单位参加社会保险的非全日制从业人员以及其他灵活就业人员，应当向社会保险经办机构申请办理社会保险登记。

国家建立全国统一的个人社会保障号码。个人社会保障号码为公民身份号码。

第五十九条 县级以上人民政府加强社会保险费的征收工作。

社会保险费实行统一征收，实施步骤和具体办法由国务院规定。

第六十条 用人单位应当自行申报、按时足额缴纳社会保险费，非因不可抗力等法定事由不得缓缴、减免。职工应当缴纳的社会保险费由用人单位代扣代缴，用人单位应当按月将缴纳社会保险费的明细情况告知本人。

无雇工的个体工商户、未在用人单位参加社会保险的非全日制从业人员以及其他灵活就业人员，可以直接向社会保险费征收机构缴纳社会保险费。

第六十一条 社会保险费征收机构应当依法按时足额征收社会保险费，并将缴费情况定期告知用人单位和个人。

第六十二条 用人单位未按规定申报应当缴纳的社会保险费数额的，按照该单位上月缴费额的百分之一百一十确定应当缴纳数额；缴费单位补办申报手续后，由社会保险费征收机构按照规定结算。

第六十三条 用人单位未按时足额缴纳社会保险费的，由社会保险费征收机构责令其限期缴纳或者补足。

用人单位逾期仍未缴纳或者补足社会保险费的，社会保险费征收机构可以向银行和其他金融机构查询其存款账户；并可以申请县级以上有关行政部门作出划拨社会保险费的决定，书面通知其开户银行或者其他金融机构划拨社会保险费。用人单位账户余额少于应当缴纳的社会保险费的，社会保险费征收机构可以要求该用人单位提供担保，签订延期缴费协议。

用人单位未足额缴纳社会保险费且未提供担保的，社会保险费征收机构可以申请人民法院扣押、查封、拍卖其价值相当于应当缴纳社会保险费的财产，以拍卖所得抵缴社会保险费。

第八章 社会保险基金

第六十四条 社会保险基金包括基本养老保险基金、基本医疗保险基金、工伤保险基金、失业保险基金和生育保险基金。各项社会保险基金按照社会保险险种分别建账，分账核算，执行国家统一的会计制度。

社会保险基金专款专用，任何组织和个人不得侵占或者挪用。

基本养老保险基金逐步实行全国统筹，其他社会保险基金逐步实行省级统筹，具体时间、步骤由国务院规定。

第六十五条 社会保险基金通过预算实现收支平衡。

县级以上人民政府在社会保险基金出现支付不足时，给予补贴。

第六十六条 社会保险基金按照统筹层次设立预算。社会保险基金预算按照社会保险项目分别编制。

第六十七条 社会保险基金预算、决算草案的编制、审核和批准，依照法律和国务院规定执行。

第六十八条 社会保险基金存入财政专户，具体管理办法由国务院规定。

第六十九条 社会保险基金在保证安全的前提下，按照国务院规定投资运营实现保值增值。

社会保险基金不得违规投资运营，不得用于平衡其他政府预算，不得用于兴建、改建办公场所和支付人员经费、运行费用、管理费用，或者违反法律、行政法规规定挪作其他用途。

第七十条 社会保险经办机构应当定期向社会公布参加社会保险情况以及社会保险基金的收入、支出、结余和收益情况。

第七十一条 国家设立全国社会保障基金，由中央财政预算拨款以及国务院批准的其他方式筹集的资金构成，用于社会保障支出的补充、调剂。全国社会保障基金由全国社会保障基金管理运营机构负责管理运营，在保证安全的前提下实现保值增值。

全国社会保障基金应当定期向社会公布收支、管理和投资运营的情况。国务院财政部门、社会保险行政部门、审计机关对全国社会保障基金的收支、管理和投资运营情况实施监督。

第九章 社会保险经办

第七十二条 统筹地区设立社会保险经办机构。社会保险经办机构根据工作需要，经所在地的社会保险行政部门和机构编制管理机关批准，可以在本统筹地区设立分支机构和服务网点。

社会保险经办机构的人员经费和经办社会保险发生的基本运行费用、管理费用，由同级财政按照国家规定予以保障。

第七十三条 社会保险经办机构应当建立健全业务、财务、安全和风险管理制度。

社会保险经办机构应当按时足额支付社会保险待遇。

第七十四条 社会保险经办机构通过业务经办、统计、调查获取社会保险工作所需的数据，有关单位和个人应当及时、如实提供。

社会保险经办机构应当及时为用人单位建立档案，完整、准确地记录参加社会保险的人员、缴费等社会保险数据，妥善保管登记、申报的原始凭证和支付结算的会计凭证。

社会保险经办机构应当及时、完整、准确地记录参加社会保险的个人缴费和用人单位为其缴费，以及享受社会保险待遇等个人权益记录，定期将个人权益记录单免费寄送本人。

用人单位和个人可以免费向社会保险经办机构查询、核对其缴费和享受社会保险待遇记录，要求社会保险经办机构提供社会保险咨询等相关服务。

第七十五条 全国社会保险信息系统按照国家统一规划，由县级以上人民政府按照分级负责的原则共同建设。

第十章 社会保险监督

第七十六条 各级人民代表大会常务委员会听取和审议本级人民政府对社会保险基金的收支、管理、投资运营以及监督检查情况的专项工作报告，组织对本法实施情况的执法检查等，依法行使监督职权。

第七十七条 县级以上人民政府社会保险行政部门应当加强对用人单位和个人遵守社会保险法律、法规情况的监督检查。

社会保险行政部门实施监督检查时，被检查的用人单位和个人应当如实提供与社会保险有关的资料，不得拒绝检查或者谎报、瞒报。

第七十八条 财政部门、审计机关按照各自职责，对社会保险基金的收支、管理和投资运营情况实施监督。

第七十九条 社会保险行政部门对社会保险基金的收支、管理和投资运营情况进行监督检查，发现存在问题的，应当提出整改建议，依法作出处理决定或者向有关行政部门提出处理建议。社会保险基金检查结果应当定期向社会公布。

社会保险行政部门对社会保险基金实施监督检查，有权采取下列措施：

（一）查阅、记录、复制与社会保险基金收支、管理和投资运营相关的资料，对可能被转移、隐匿或者灭失的资料予以封存；

（二）询问与调查事项有关的单位和个人，要求其对与调查事项有关的问题作出说明、提供有关证明材料；

（三）对隐匿、转移、侵占、挪用社会保险基金的行为予以制止并责令改正。

第八十条 统筹地区人民政府成立由用人单位代表、参保人员代表，以及工会代表、专家等组成的社会保险监督委员会，掌握、分析社会保险基金的收支、管理和投资运营情况，对社会保险工作提出咨询意见和建议，实施社会监督。

社会保险经办机构应当定期向社会保险监督委员会汇报社会保险基金的收支、管理和投资运营情况。社会保险监督委员会可以聘请会计师事务所对社会保险基金的收支、管理和投资运营情况进行年度审计和专项审计。审计结果应当向社会公开。

社会保险监督委员会发现社会保险基金收支、管理和投资运营中存在问题的，有权提出改正建议；对社会保险经办机构及其工作人员的违法行为，有权向有关部门提出依法处理建议。

第八十一条 社会保险行政部门和其他有关行政部门、社会保险经办机构、社会保险费征收机构及其工作人员，应当依法为用人单位和个人的信息保密，不得以任何形式泄露。

第八十二条 任何组织或者个人有权对违反社会保险法律、法规的行为进行举报、投诉。

社会保险行政部门、卫生行政部门、社会保险经办机构、社会保险费征收机构和财政部门、审计机关对属于本部门、本机构职责范围的举报、投诉，应当依法处理；对不属于本部门、本机构职责范围的，应当书面通知并移交有权处理的部门、机构处理。有权处理的部门、机构应当及时处理，不得推诿。

第八十三条 用人单位或者个人认为社会保险费征收机构的行为侵害自己合法权益的，可以依法申请行政复议或者提起行政诉讼。

用人单位或者个人对社会保险经办机构不依法办理社会保险登记、核定社会保险费、支付社会保险待遇、办理社会保险转移接续手续或者侵害其他社会保险权益的行为，可以依法申请行政复议或者提起行政诉讼。

个人与所在用人单位发生社会保险争议的，可以依法申请调解、仲裁，提起诉讼。用人单位侵害个人社会保险权益的，个人也可以要求社会保险行政部门或者社会保险费征收机构依法处理。

第十一章　法律责任

第八十四条　用人单位不办理社会保险登记的，由社会保险行政部门责令限期改正；逾期不改正的，对用人单位处应缴社会保险费数额一倍以上三倍以下的罚款，对其直接负责的主管人员和其他直接责任人员处五百元以上三千元以下的罚款。

第八十五条　用人单位拒不出具终止或者解除劳动关系证明的，依照《中华人民共和国劳动合同法》的规定处理。

第八十六条　用人单位未按时足额缴纳社会保险费的，由社会保险费征收机构责令限期缴纳或者补足，并自欠缴之日起，按日加收万分之五的滞纳金；逾期仍不缴纳的，由有关行政部门处欠缴数额一倍以上三倍以下的罚款。

第八十七条　社会保险经办机构以及医疗机构、药品经营单位等社会保险服务机构以欺诈、伪造证明材料或者其他手段骗取社会保险基金支出的，由社会保险行政部门责令退回骗取的社会保险金，处骗取金额二倍以上五倍以下的罚款；属于社会保险服务机构的，解除服务协议；直接负责的主管人员和其他直接责任人员有执业资格的，依法吊销其执业资格。

第八十八条　以欺诈、伪造证明材料或者其他手段骗取社会保险待遇的，由社会保险行政部门责令退回骗取的社会保险金，处骗取金额二倍以上五倍以下的罚款。

第八十九条　社会保险经办机构及其工作人员有下列行为之一的，由社会保险行政部门责令改正；给社会保险基金、用人单位或者个人造成损失的，依法承担赔偿责任；对直接负责的主管人员和其他直接责任人员依法给予处分：

（一）未履行社会保险法定职责的；

（二）未将社会保险基金存入财政专户的；

（三）克扣或者拒不按时支付社会保险待遇的；

（四）丢失或者篡改缴费记录、享受社会保险待遇记录等社会保险数据、个人权益记录的；

（五）有违反社会保险法律、法规的其他行为的。

第九十条 社会保险费征收机构擅自更改社会保险费缴费基数、费率，导致少收或者多收社会保险费的，由有关行政部门责令其追缴应当缴纳的社会保险费或者退还不应当缴纳的社会保险费；对直接负责的主管人员和其他直接责任人员依法给予处分。

第九十一条 违反本法规定，隐匿、转移、侵占、挪用社会保险基金或者违规投资运营的，由社会保险行政部门、财政部门、审计机关责令追回；有违法所得的，没收违法所得；对直接负责的主管人员和其他直接责任人员依法给予处分。

第九十二条 社会保险行政部门和其他有关行政部门、社会保险经办机构、社会保险费征收机构及其工作人员泄露用人单位和个人信息的，对直接负责的主管人员和其他直接责任人员依法给予处分；给用人单位或者个人造成损失的，应当承担赔偿责任。

第九十三条 国家工作人员在社会保险管理、监督工作中滥用职权、玩忽职守、徇私舞弊的，依法给予处分。

第九十四条 违反本法规定，构成犯罪的，依法追究刑事责任。

第十二章 附 则

第九十五条 进城务工的农村居民依照本法规定参加社会保险。

第九十六条 征收农村集体所有的土地，应当足额安排被征地农民的社会保险费，按照国务院规定将被征地农民纳入相应的社会保险制度。

第九十七条 外国人在中国境内就业的，参照本法规定参加社会保险。

第九十八条 本法自 2011 年 7 月 1 日起施行。

附录三 《中华人民共和国就业促进法》

第一章 总 则

第一条 为了促进就业，促进经济发展与扩大就业相协调，促进社会和谐稳定，制定本法。

第二条 国家把扩大就业放在经济社会发展的突出位置，实施积极的就业政策，坚持劳动者自主择业、市场调节就业、政府促进就业的方针，多渠道扩大就业。

第三条 劳动者依法享有平等就业和自主择业的权利。

劳动者就业，不因民族、种族、性别、宗教信仰等不同而受歧视。

第四条 县级以上人民政府把扩大就业作为经济和社会发展的重要目标，纳入国民经济和社会发展规划，并制定促进就业的中长期规划和年度工作计划。

第五条 县级以上人民政府通过发展经济和调整产业结构、规范人力资源市场、完善就业服务、加强职业教育和培训、提供就业援助等措施，创造就业条件，扩大就业。

第六条 国务院建立全国促进就业工作协调机制，研究就业工作中的重大问题，协调推动全国的促进就业工作。国务院劳动行政部门具体负责全国的促进就业工作。

省、自治区、直辖市人民政府根据促进就业工作的需要，建立促进就业工作协调机制，协调解决本行政区域就业工作中的重大问题。

县级以上人民政府有关部门按照各自的职责分工，共同做好促进就业工作。

第七条 国家倡导劳动者树立正确的择业观念，提高就业能力和创业能力；鼓励劳动者自主创业、自谋职业。

各级人民政府和有关部门应当简化程序，提高效率，为劳动者自主创业、自谋职业提供便利。

第八条 用人单位依法享有自主用人的权利。

用人单位应当依照本法以及其他法律、法规的规定，保障劳动者的合法权益。

第九条 工会、共产主义青年团、妇女联合会、残疾人联合会以及其他社会组织，协助人民政府开展促进就业工作，依法维护劳动者的劳动权利。

第十条 各级人民政府和有关部门对在促进就业工作中作出显著成绩的单位和个人，给予表彰和奖励。

第二章 政策支持

第十一条 县级以上人民政府应当把扩大就业作为重要职责，统筹协调产业政策与就业政策。

第十二条 国家鼓励各类企业在法律、法规规定的范围内，通过兴办产业或者拓展经营，增加就业岗位。

国家鼓励发展劳动密集型产业、服务业，扶持中小企业，多渠道、多方式增加就业岗位。

国家鼓励、支持、引导非公有制经济发展，扩大就业，增加就业岗位。

第十三条 国家发展国内外贸易和国际经济合作，拓宽就业渠道。

第十四条 县级以上人民政府在安排政府投资和确定重大建设项目时，应当发挥投资和重大建设项目带动就业的作用，增加就业岗位。

第十五条 国家实行有利于促进就业的财政政策，加大资金投入，改善就业环境，扩大就业。

县级以上人民政府应当根据就业状况和就业工作目标，在财政预算中安排就业专项资金用于促进就业工作。

就业专项资金用于职业介绍、职业培训、公益性岗位、职业技能鉴定、特定就业政策和社会保险等的补贴，小额贷款担保基金和微利项目的小额担保贷款贴息，以及扶持公共就业服务等。就业专项资金的使用管理办法由国务院财政部门和劳动行政部门规定。

第十六条 国家建立健全失业保险制度，依法确保失业人员的基本生活，并促进其实现就业。

第十七条 国家鼓励企业增加就业岗位，扶持失业人员和残疾人就业，对下列企业、人员依法给予税收优惠：

（一）吸纳符合国家规定条件的失业人员达到规定要求的企业；

（二）失业人员创办的中小企业；

（三）安置残疾人员达到规定比例或者集中使用残疾人的企业；

（四）从事个体经营的符合国家规定条件的失业人员；

（五）从事个体经营的残疾人；

（六）国务院规定给予税收优惠的其他企业、人员。

第十八条 对本法第十七条第四项、第五项规定的人员，有关部门应当在经营场地等方面给予照顾，免除行政事业性收费。

第十九条 国家实行有利于促进就业的金融政策，增加中小企业的融资渠道；鼓励金融机构改进金融服务，加大对中小企业的信贷支持，并对自主创业人员在一定期限内给予小额信贷等扶持。

第二十条 国家实行城乡统筹的就业政策，建立健全城乡劳动者平等就业的制度，引导农业富余劳动力有序转移就业。

县级以上地方人民政府推进小城镇建设和加快县域经济发展，引导农业富余劳动力就地就近转移就业；在制定小城镇规划时，将本地区农业富余劳动力转移就业作为重要内容。

县级以上地方人民政府引导农业富余劳动力有序向城市异地转移就业；劳动力输出地和输入地人民政府应当互相配合，改善农村劳动者进城就业的环境和条件。

第二十一条 国家支持区域经济发展，鼓励区域协作，统筹协调不同地区就业的均衡增长。

国家支持民族地区发展经济，扩大就业。

第二十二条 各级人民政府统筹做好城镇新增劳动力就业、农业富余劳动力转移就业和失业人员就业工作。

第二十三条 各级人民政府采取措施，逐步完善和实施与非全日制用工等灵活就业相适应的劳动和社会保险政策，为灵活就业人员提供帮助和服务。

第二十四条 地方各级人民政府和有关部门应当加强对失业人员从事个体经营的指导，提供政策咨询、就业培训和开业指导等服务。

第三章 公平就业

第二十五条 各级人民政府创造公平就业的环境，消除就业歧视，制定政策并采取措施对就业困难人员给予扶持和援助。

第二十六条 用人单位招用人员、职业中介机构从事职业中介活动，应当向劳动者提供平等的就业机会和公平的就业条件，不得实施就业歧视。

第二十七条 国家保障妇女享有与男子平等的劳动权利。

用人单位招用人员，除国家规定的不适合妇女的工种或者岗位外，不得以性别为由拒绝录用妇女或者提高对妇女的录用标准。

用人单位录用女职工，不得在劳动合同中规定限制女职工结婚、生育的内容。

第二十八条 各民族劳动者享有平等的劳动权利。

用人单位招用人员，应当依法对少数民族劳动者给予适当照顾。

第二十九条 国家保障残疾人的劳动权利。

各级人民政府应当对残疾人就业统筹规划，为残疾人创造就业条件。

用人单位招用人员，不得歧视残疾人。

第三十条 用人单位招用人员，不得以是传染病病原携带者为由拒绝录用。但是，经医学鉴定传染病病原携带者在治愈前或者排除传染嫌疑前，不得从事法律、行政法规和国务院卫生行政部门规定禁止从事的易使传染病扩散的工作。

第三十一条 农村劳动者进城就业享有与城镇劳动者平等的劳动权利，不得对农村劳动者进城就业设置歧视性限制。

第四章 就业服务和管理

第三十二条 县级以上人民政府培育和完善统一开放、竞争有序的人力资源市场，为劳动者就业提供服务。

第三十三条 县级以上人民政府鼓励社会各方面依法开展就业服务活动，加强对公共就业服务和职业中介服务的指导和监督，逐步完善覆盖城乡的就业服务体系。

第三十四条 县级以上人民政府加强人力资源市场信息网络及相关设施建设，建立健全人力资源市场信息服务体系，完善市场信息发布制度。

第三十五条 县级以上人民政府建立健全公共就业服务体系，设立公共就业服务机构，为劳动者免费提供下列服务：

（一）就业政策法规咨询；

（二）职业供求信息、市场工资指导价位信息和职业培训信息发布；

（三）职业指导和职业介绍；

（四）对就业困难人员实施就业援助；

（五）办理就业登记、失业登记等事务；

（六）其他公共就业服务。

公共就业服务机构应当不断提高服务的质量和效率，不得从事经营性活动。

公共就业服务经费纳入同级财政预算。

第三十六条 县级以上地方人民政府对职业中介机构提供公益性就业服务的，按照规定给予补贴。

国家鼓励社会各界为公益性就业服务提供捐赠、资助。

第三十七条 地方各级人民政府和有关部门不得举办或者与他人联合举办经营性的职业中介机构。

地方各级人民政府和有关部门、公共就业服务机构举办的招聘会，不得向劳动者收取费用。

第三十八条 县级以上人民政府和有关部门加强对职业中介机构的管理，鼓励其提高服务质量，发挥其在促进就业中的作用。

第三十九条 从事职业中介活动，应当遵循合法、诚实信用、公平、公开的原则。

用人单位通过职业中介机构招用人员，应当如实向职业中介机构提供岗位需求信息。

禁止任何组织或者个人利用职业中介活动侵害劳动者的合法权益。

第四十条 设立职业中介机构应当具备下列条件：

（一）有明确的章程和管理制度；

（二）有开展业务必备的固定场所、办公设施和一定数额的开办资金；

（三）有一定数量具备相应职业资格的专职工作人员；

（四）法律、法规规定的其他条件。

设立职业中介机构应当在工商行政管理部门办理登记后，向劳动行政部门申请行政许可。

未经依法许可和登记的机构，不得从事职业中介活动。

国家对外商投资职业中介机构和向劳动者提供境外就业服务的职业中介机构另有规定的，依照其规定。

第四十一条 职业中介机构不得有下列行为：

（一）提供虚假就业信息；

（二）为无合法证照的用人单位提供职业中介服务；

（三）伪造、涂改、转让职业中介许可证；

（四）扣押劳动者的居民身份证和其他证件，或者向劳动者收取押金；

（五）其他违反法律、法规规定的行为。

第四十二条 县级以上人民政府建立失业预警制度，对可能出现的较大规模的失业，实施预防、调节和控制。

第四十三条 国家建立劳动力调查统计制度和就业登记、失业登记制度，开展劳动力资源和就业、失业状况调查统计，并公布调查统计结果。

统计部门和劳动行政部门进行劳动力调查统计和就业、失业登记时，用人单位和个人应当如实提供调查统计和登记所需要的情况。

第五章 职业教育和培训

第四十四条 国家依法发展职业教育，鼓励开展职业培训，促进劳动者提高职业技能，增强就业能力和创业能力。

第四十五条 县级以上人民政府根据经济社会发展和市场需求，制定并实施职业能力开发计划。

第四十六条 县级以上人民政府加强统筹协调，鼓励和支持各类职业院校、职业技能培训机构和用人单位依法开展就业前培训、在职培训、再就业培训和创业培训；鼓励劳动者参加各种形式的培训。

第四十七条 县级以上地方人民政府和有关部门根据市场需求和产业发展方向，鼓励、指导企业加强职业教育和培训。

职业院校、职业技能培训机构与企业应当密切联系，实行产教结合，为经济建设服务，培养实用人才和熟练劳动者。

企业应当按照国家有关规定提取职工教育经费，对劳动者进行职业技能培训和继续教育培训。

第四十八条 国家采取措施建立健全劳动预备制度，县级以上地方人民政府对有就业要求的初高中毕业生实行一定期限的职业教育和培训，使其取得相应的职业资格或者掌握一定的职业技能。

第四十九条 地方各级人民政府鼓励和支持开展就业培训，帮助失业人员提高职业技能，增强其就业能力和创业能力。失业人员参加就业培训的，按照有关规定享受政府培训补贴。

第五十条 地方各级人民政府采取有效措施，组织和引导进城就业的农村劳动者参加技能培训，鼓励各类培训机构为进城就业的农村劳动者提供技能培训，增强其就业能力和创业能力。

第五十一条 国家对从事涉及公共安全、人身健康、生命财产安全等特殊工种的劳动者，实行职业资格证书制度，具体办法由国务院规定。

第六章 就业援助

第五十二条 各级人民政府建立健全就业援助制度，采取税费减免、贷款贴息、社会保险补贴、岗位补贴等办法，通过公益性岗位安置等途径，对就业困难人员实行优先扶持和重点帮助。

就业困难人员是指因身体状况、技能水平、家庭因素、失去土地等原因难以实现就业，以及连续失业一定时间仍未能实现就业的人员。就业困难人员的具体范围，由省、自治区、直辖市人民政府根据本行政区域的实际情况规定。

第五十三条 政府投资开发的公益性岗位，应当优先安排符合岗位要求的就业困难人员。被安排在公益性岗位工作的，按照国家规定给予岗位补贴。

第五十四条 地方各级人民政府加强基层就业援助服务工作，对就业困难人员实施重点帮助，提供有针对性的就业服务和公益性岗位援助。

地方各级人民政府鼓励和支持社会各方面为就业困难人员提供技能培训、岗位信息等服务。

第五十五条 各级人民政府采取特别扶助措施，促进残疾人就业。

用人单位应当按照国家规定安排残疾人就业，具体办法由国务院规定。

第五十六条 县级以上地方人民政府采取多种就业形式，拓宽公益性岗位范围，开发就业岗位，确保城市有就业需求的家庭至少有一人实现就业。

法定劳动年龄内的家庭人员均处于失业状况的城市居民家庭，可以向住所地街道、社区公共就业服务机构申请就业援助。街道、社区公共就业服务机构经确认属实的，应当为该家庭中至少一人提供适当的就业岗位。

第五十七条 国家鼓励资源开采型城市和独立工矿区发展与市场需求相适应的产业，引导劳动者转移就业。

对因资源枯竭或者经济结构调整等原因造成就业困难人员集中的地区，上级人民政府应当给予必要的扶持和帮助。

第七章 监督检查

第五十八条 各级人民政府和有关部门应当建立促进就业的目标责任制度。县级以上人民政府按照促进就业目标责任制的要求，对所属的有关部门和下一级人民政府进行考核和监督。

第五十九条 审计机关、财政部门应当依法对就业专项资金的管理和使用情况进行监督检查。

第六十条 劳动行政部门应当对本法实施情况进行监督检查，建立举报制度，受理对违反本法行为的举报，并及时予以核实、处理。

第八章 法律责任

第六十一条 违反本法规定，劳动行政等有关部门及其工作人员滥用职权、玩忽职守、徇私舞弊的，对直接负责的主管人员和其他直接责任人员依法给予处分。

第六十二条 违反本法规定，实施就业歧视的，劳动者可以向人民法院提起诉讼。

第六十三条 违反本法规定，地方各级人民政府和有关部门、公共就业服务机构举办经营性的职业中介机构，从事经营性职业中介活动，向劳动者收取费用的，由上级主管机关责令限期改正，将违法收取的费用退还劳动者，并对直接负责的主管人员和其他直接责任人员依法给予处分。

第六十四条 违反本法规定，未经许可和登记，擅自从事职业中介活动的，由劳动行政部门或者其他主管部门依法予以关闭；有违法所得的，没收违法所得，并处一万元以上五万元以下的罚款。

第六十五条 违反本法规定，职业中介机构提供虚假就业信息，为无合法证照的用人单位提供职业中介服务，伪造、涂改、转让职业中介许可证的，由劳动行政部门或者其他主管部门责令改正；有违法所得的，没收违法所得，并处一万元以上五万元以下的罚款；情节严重的，吊销职业中介许可证。

第六十六条 违反本法规定，职业中介机构扣押劳动者居民身份证等证件的，由劳动行政部门责令限期退还劳动者，并依照有关法律规定给予处罚。

违反本法规定，职业中介机构向劳动者收取押金的，由劳动行政部门责令限期退还劳动者，并以每人五百元以上二千元以下的标准处以罚款。

第六十七条 违反本法规定，企业未按照国家规定提取职工教育经费，或者挪用职工教育经费的，由劳动行政部门责令改正，并依法给予处罚。

第六十八条 违反本法规定，侵害劳动者合法权益，造成财产损失或者其他损害的，依法承担民事责任；构成犯罪的，依法追究刑事责任。

第九章 附 则

第六十九条 本法自2008年1月1日起施行。

附录四 《职工带薪年休假条例》

第一条 为了维护职工休息休假权利，调动职工工作积极性，根据劳动法和公务员法，制定本条例。

第二条 机关、团体、企业、事业单位、民办非企业单位、有雇工的个体工商户等单位的职工连续工作1年以上的，享受带薪年休假（以下简称年休假）。单位应当保证职工享受年休假。职工在年休假期间享受与正常工作期间相同的工资收入。

第三条 职工累计工作已满1年不满10年的，年休假5天；已满10年不满20年的，年休假10天；已满20年的，年休假15天。

国家法定休假日、休息日不计入年休假的假期。

第四条 职工有下列情形之一的，不享受当年的年休假：

（一）职工依法享受寒暑假，其休假天数多于年休假天数的；

（二）职工请事假累计20天以上且单位按照规定不扣工资的；

（三）累计工作满1年不满10年的职工，请病假累计2个月以上的；

（四）累计工作满10年不满20年的职工，请病假累计3个月以上的；

（五）累计工作满20年以上的职工，请病假累计4个月以上的。

第五条 单位根据生产、工作的具体情况，并考虑职工本人意愿，统筹安排职工年休假。

年休假在1个年度内可以集中安排，也可以分段安排，一般不跨年度安排。单位因生产、工作特点确有必要跨年度安排职工年休假的，可以跨1个年度安排。

单位确因工作需要不能安排职工休年休假的，经职工本人同意，可以不安排职工休年休假。对职工应休未休的年休假天数，单位应当按照该职工日工资收入的300%支付年休假工资报酬。

第六条 县级以上地方人民政府人事部门、劳动保障部门应当依据职权对单位执行本条例的情况主动进行监督检查。

工会组织依法维护职工的年休假权利。

第七条 单位不安排职工休年休假又不依照本条例规定给予年休假工资报酬的，由县级以上地方人民政府人事部门或者劳动保障部门依据职权责令限期改正；对逾期不改正的，除责令该单位支付年休假工资报酬外，单位还应当按照年休假工资报酬的数额向职工加付赔偿金；对拒不支付年休假工资报酬、赔偿金的，属于公务员和参照公务员法管理的人员所在单位的，对直接负责的主管人员以及其他直接责任人员依法给予处分；属于其他单位的，由劳动保障部门、人事部门或者职工申请人民法院强制执行。

第八条 职工与单位因年休假发生的争议，依照国家有关法律、行政法规的规定处理。

第九条 国务院人事部门、国务院劳动保障部门依据职权，分别制定本条例实施办法。

第十条 本条例自2008年1月1日起施行。

图书在版编目(CIP)数据

HR员工招聘经典管理案例/薛莲著. —北京：中国法制出版社，2018.7

(名企HR经典管理案例系列丛书)

ISBN 978-7-5093-9570-7

Ⅰ. ①H… Ⅱ. ①薛… Ⅲ. ①企业管理—人力资源管理—案例

Ⅳ. ①F272.92

中国版本图书馆CIP数据核字(2018)第141575号

责任编辑：马春芳　潘孝莉　　　　封面设计：柏拉图创意

HR员工招聘经典管理案例

HR YUANGONG ZHAOPIN JINGDIAN GUANLI ANLI

著者/薛莲

经销/新华书店

印刷/三河市紫恒印装有限公司

开本/787毫米×1092毫米　16开　　　　印张/16.25　字数/247千

版次/2018年7月第1版　　　　2018年7月第1次印刷

中国法制出版社出版

书号 ISBN 978-7-5093-9570-7　　　　定价：59.00元

值班电话：010-66026508

北京西单横二条2号　邮政编码100031　　　　传真：010-66031119

网址：http://www.zgfzs.com　　　　**编辑部电话：010-66073673**

市场营销部电话：010-66033393　　　　**邮购部电话：010-66033288**

(如有印装质量问题，请与本社印务部联系调换。电话：010-66032926)